Rudolf Schermann

Vinzenz von Paul

W0367831

topos taschenbücher, Band 1025
Eine Produktion des Lahn-Verlags

Rudolf Schermann

Vinzenz von Paul

Anwalt der Ärmsten

topos taschenbücher

Verlagsgemeinschaft topos plus
Butzon & Bercker, Kevelaer
Don Bosco, München
Echter, Würzburg
Lahn-Verlag, Kevelaer
Matthias Grünewald Verlag, Ostfildern
Paulusverlag, Freiburg (Schweiz)
Verlag Friedrich Pustet, Regensburg
Tyrolia, Innsbruck

Eine Initiative der
Verlagsgruppe engagement

www.topos-taschenbuecher.de

Bibliografische Information der Deutschen Nationalbibliothek
Die Deutsche Nationalbibliothek verzeichnet diese Publikation in der Deutschen Nationalbibliografie; detaillierte bibliografische Daten sind im Internet über http://dnb.d-nb.de abrufbar.

ISBN 978-3-8367-1025-1
E-Book (PDF): ISBN 978-3-8367-5039-4
E-Pub: ISBN 987-3-8367-6039-3

2015 Verlagsgemeinschaft topos plus, Kevelaer
© 2015 Lahn-Verlag in der Butzon & Bercker GmbH, Hoogeweg 100, 47623 Kevelaer, Deutschland, www.lahn-verlag.de
Umschlagabbildung: http://de.wikipedia.org/wiki/Vinzenz_von_Paul
Einband- und Reihengestaltung: Finken & Bumiller, Stuttgart
Satz: SATZstudio Josef Pieper, Bedburg-Hau
Herstellung: Friedrich Pustet, Regensburg
Printed in Germany

Inhalt

Zu diesem Buch 7

I. Ein Mann mit Vergangenheit 11

II. Auf Gottes Spur geraten 35

III. Unter Häftlingen und Bettlern 49

IV. Vinzenz und die Frauen 67

V. Von der ersten zur zweiten Reformation: Was soll's mit den Pfaffen? 83

VI. In Offensive gegen die Dämonen der Zeit 97

VII. Der Menschenrechtskämpfer 103

VIII. Der Antimilitarist und Friedenskämpfer 111

IX. Tod und Bilanz 117

Literatur 127

Zu diesem Buch

Als Jesus nach Nazaret kam und man ihm in der Synagoge das Buch des Propheten Jesaja reichte, las er davon die folgende Passage vor: „Der Geist des Herrn ruht auf mir; denn der Herr hat mich gesalbt. Er hat mich gesandt, damit ich den Armen eine gute Nachricht bringe, damit ich den Gefangenen die Entlassung verkünde und den Blinden das Augenlicht. Damit ich die Zerschlagenen in Freiheit setze und ein Gnadenjahr des Herrn ausrufe." Dann schloss er das Buch, gab es den Synagogendienern und setzte sich. Die Augen aller in der Synagoge waren auf ihn gerichtet. Da begann er, ihnen darzulegen: „Heute hat sich das Schriftwort, das ihr eben gehört habt, erfüllt."

Das „Programm Nazaret" des Gottesgesandten Jesus wurde verpflichtende Aufgabe für alle seine Jünger bis auf den heutigen Tag. Und es ging nicht um irgendwelche gönnerhaften Almosen, wie in der langen Geschichte des Christentums das „Programm Nazaret" oft genug missverstanden wurde, sondern um Gerechtigkeit. Logischerweise. Denn Gott kann nicht dulden, dass auch nur ein Mensch, sein Wunderwerk, nicht die gleiche Würde, die gleiche Behandlung bekommt wie alle anderen. Für die Kirche, Christi Volk Gottes, hat jeder Mensch, ob Herr oder Sklave, Staatspräsident oder Müllmann, die gleiche Würde. Ein revolutionierendes, umwälzendes Programm. Seit die Christen aber dank römischer Kaiser zu Macht kamen, ist die Geschichte der Kirche von der Krankheit des Hochmuts und der Machtgier kontaminiert. Bis heute. Zum Glück gab es immer wieder mehr oder weniger erfolgreiche Versuche der

Rückkehr zum „Programm Nazaret". Einige Namen sollen hier ohne jeden Anspruch auf Vollständigkeit genannt werden: Franz von Assisi, die Waldenser, die Mönche von Cluny, einige Orden, zumindest in ihrer ersten Zeit, die Reformatoren, Oscar Romero, Hélder Câmara, Mutter Teresa, unzählige Einzelpersonen, Frauen und Männer, wenn auch mit begrenzter Wirkung. Einen von Papst Franziskus ausgehenden wahrlich epochalen Versuch der Rückkehr zum „Programm Nazaret" erleben wir alle gerade gegenwärtig. Es ist ein echter Diadochenkampf, den dieser begnadete Papst und wir, seine Schwestern und Brüder mit ihm, im Namen Jesu Christi und seines Programms Tag für Tag gegen eine von der Ideologie des Hochmuts und der Machtgier kontaminierte Kirche führen müssen! Es genügt, die Medien zu konsultieren.

Wie ein Leuchtturm aus der Reihe aller, die sich während der langen Geschichte der Kirche um das Programm Jesu Christi bemüht haben, erhebt sich die Gestalt des südfranzösischen Bauernsohnes Vinzenz de Paul, der wie Papst Franziskus schon mit der Zusammenstreichung seines Namens auf „Depaul" ein Signal setzte, dass er, der zunächst so sehr auf Karriere und Macht aus war, sich von dem Gift der Eitelkeit und des Hochmuts beizeiten befreite und sein Leben nunmehr der Verwirklichung des „Programms Nazaret" widmete. Und das mit einer Begeisterung und Vielseitigkeit wie kaum ein anderer in der Geschichte. Natürlich gab es auch andere herausragende Frauen und Männer, die auf dem einen oder anderen Gebiet der Nächstenliebe Großes bewirkt haben. Doch einen, der sich von der Armutsbekämpfung über die Priesterausbildung hin bis zur Befreiung von Galeerenhäftlingen, aber auch als Kriegsgegner und Friedensapostel auf schier allen Gebieten mit ganzer Hingabe einsetzte, gab es außer ihm kaum. Vinzenz Depaul: Ein *uomo universale* der Gottes- und Nächstenliebe!

Er hat buchstäblich „den Armen eine gute Nachricht gebracht“. Er hat für „Gefangene die Entlassung“ erreicht, „Zerschlagene in Freiheit gesetzt“ und „Blinden (physisch oder psychisch) die Augen geöffnet“.

Lesen Sie das Buch über diesen großen, nach wie vor brandaktuellen Menschenrechtskämpfer und sozialen Helden, der parallel zu der kämpferisch-zornigen Reformation Luthers und Co. eine zweite, weniger spektakuläre, aber durchaus wirksame Erneuerungsbewegung auf den Weg brachte. Die zwei Gesichter der einen Reformation: Während Luther und Co. die eiternde Wunde der Kirche sichtbar machten, eilten Vinzenz und seine Freunde mit der heilenden Salbe herbei. Beide Reformbewegungen waren notwendig im Sinne von „Not wendend“. Und wirken bis heute.

Wien, am 27. September 2015
Rudolf Schermann

I. Ein Mann mit Vergangenheit

Man nannte das Zeitalter, in dem er lebte und wirkte, das *Grand Siècle*. Und in der Tat: Es war eine Epoche großer Männer und Frauen, Ereignisse und Katastrophen.

Da schreibt Monsieur Molière seine virtuosen Komödien, Corneille seinen *Cid*, wirkt Shakespeare in Stratford upon Avon; da schaffen Bildhauer wie Michelangelo und Bernini ihre unvergänglichen Werke, malt Rubens seine wohlgenährten Engel, krempeln Leibniz, Bacon, Newton und Descartes das herkömmliche Denken um und Kopernikus, Kepler, Bruno, Tycho Brahe und Galilei gleich dazu das ganze Universum.

Doch in keinem anderen Jahrhundert bilden Licht und Schatten, Glanz und Elend einen so grellen Kontrast wie gerade in diesem Zeitalter.

Ein Jahr, bevor Vinzenz von Paul in dem verlorenen südfranzösischen Nest Pouy bei Dax als drittes Kind des Kleinbauern Jean de Paul und seiner Frau Bertrande von Moras am 24. April 1581 das Licht der Welt erblickt, erscheint das meistgelesene Buch der Zeit: Jean Bodins *Dämonomanie*, eine blutrünstige Hetzschrift gegen die Hexen. Bodin ist einer der bedeutendsten Männer des Jahrhunderts, sein Lebenslauf spiegelt die ganze üppige und unberechenbare Vielfalt der Lebensumstände im zu Ende gehenden 16. und beginnenden 17. Jahrhundert.

Zunächst war er Karmelitermönch, verließ aber nach kurzer Zeit den geistlichen Stand und wurde Professor des römischen Rechts. Später trat er in den Dienst des Königs, erklomm die Würde eines Kronanwalts und starb schließlich an der Pest. Sein Hexenbuch erreichte bis 1698 elf Auflagen, wurde in mehrere Sprachen übersetzt und hatte eine ungeheure Wirkung. Wie eine Epidemie raste der Hexenwahn über Europa hinweg. Daneben blühten schwarze Messen und Teufelsaustreibung, Alchimie und Zauberwesen, Kriege, Mord, Banditentum und Betrug.

Was Überschwemmungen und andere Naturkatastrophen verschonten, rafften Epidemien und Hungersnot dahin. An den Rudern mächtiger Schiffsflotten saßen Galeerenhäftlinge in schweren Ketten.

Bei ungeduldigen Erben standen Giftmischer und Meuchelmörder hoch im Kurs, es blühte die Prostitution, und im Schatten des Sonnenkönigs trieben sich von rund 17 Millionen Franzosen gleich zwei Millionen als Bettler herum. Die Landbevölkerung ist schmutzig, schlecht gekleidet und heruntergekommen. Sie scheint bisweilen – wie auf den Bildern von Mathieu und Antoine le Nain – in den Urzustand der Wildheit zurückgesunken zu sein.

Das Proletariat des Grand Siècle verfügt über keinerlei Rechte. Es ist auf Gedeih und Verderb ihren Herren, den „großen Hansen“, wie sie Thomas Münzer, der christliche Rebell, ironisch nennt, ausgeliefert.

„Die Adligen“, klagt Richelieu, „erblickten in ihrer Freiheit den Freibrief, schamlos alle Arten verruchter Taten zu verüben, denn sie meinten, unzulässig in ihren Rechten beschnitten zu werden, wenn man versuchte, sie in den gerechten Grenzen von Recht und Billigkeit zu halten.“

Am 26. Oktober 1614, anlässlich der Eröffnung der Generalstände, einer Art Reichstag, sagt der Obmann der Pariser Zünfte, Robert Miron, vor Ludwig XIII: „Die armen Leute arbeiten unablässig, sie schonen weder ihres Körpers noch ihrer Seele, das heißt, sie schonen nicht ihres eigenen Lebens, um das ganze Reich zu ernähren; sie pflügen den Boden, verbessern ihn, legen ihn frei; sie schaffen Nützliches aus dem, was er hervorbringt; es gibt keine Jahreszeit, keinen Monat, keine Woche, keinen Tag, noch Stunde, die nicht unablässige Mühe verlangt. Und von dieser Mühe bleibt ihnen nichts als Schweiß und Elend. Der Erhalt Eurer Majestät, der Erhalt des Klerus, des Adels, des dritten Standes hat ihre Gliedmaßen zum Unterpfand."

Und in der Tat: Gibt es zwischen den im Namen Jesu geführten Kriegen und vollbrachten Massenmorden eine relativ kurze Periode des Friedens, so können sich die Armen dessen kaum erfreuen.

Was ihnen plündernde Soldaten belassen, raffen unmenschliche Steuer- und Zinsgesetze weg. Die Könige und Herrschaften dürfen alles nehmen, was sie begehren.

Kehrseite des großen Jahrhunderts: Während Abertausende in bitterer Armut und in einfachsten Behausungen leben, verschlingen allein die Prunkbauten des Sonnenkönigs unvorstellbare Summen. Ein Drittel davon entfällt allein auf Versailles mit seinen Gärten und Wasserspielen. Das Schloss, das Fouquet, der im Jahr 1661 gestürzte Minister Ludwigs des XIV., in Vaux errichtet, ist 18 Millionen Livres wert. Für die königlichen Gärten mussten drei Ortschaften vom Erdboden verschwinden. Sie wurden, ohne die Leute zu befragen, geschleift, nachdem sie immerhin aufgekauft worden waren. Der Bauer musste, ohne Rücksicht auf den Ernteertrag, einen Grundzins in Silber und Naturalien entrichten. Rückstände durften rückwirkend neunundzwanzig Jahre lang eingetrieben werden.

Zu den hohen Pachtgebühren gesellten sich unzählige Abgaben-Verpflichtungen kirchlicher und weltlicher Art. Das schöne Wort Heinrichs IV., das wie ein neuzeitliches Sozialprogramm klingt: in keiner französischen Familie dürfe Sonntags das Huhn im Topf fehlen, war ein Politikerbluff. Fleisch gehörte zu den Privilegien der Stände, Geflügel und Wild blieben dem Adel vorbehalten.

Fische wurden wenig genossen, die Transportschwierigkeiten waren zu groß. Brennholz war teuer, die Straßen schlecht und die Flussfahrtrinnen durch privilegierte Mühlenbesitzer beengt.

Die Salzknappheit führte zu einer geradezu inquisitorischen Eintreibung der Salzsteuer. So komisch es für uns heute klingen mag: Man fahndete nach Leuten, die zwecks Würzung ihrer Speisen Süßwasser mit Meereswasser mischten, um sie wegen Salzsteuer-Hinterziehung zu bestrafen.

Entsprechende Hausdurchsuchungen aufgrund von Denunziationen waren an der Tagesordnung. Fast ein Drittel der Sträflinge des Landes kam wegen Salzdelikten hinter Gitter. Die Salzsteuer wurde erst durch die große Revolution abgeschafft.

Nicht anders verhielt es sich auch mit der Getränkesteuer. Der Feudalherr bestimmte die Weinlesezeit, wodurch nicht selten die Ernte verdarb und der Verlust sehr hoch ausfiel. Ungerechte Sonderrechte der Reichen sorgten dafür, dass der Gewinn dessen, der den Weingarten eigentlich bearbeitete, in bescheidensten Grenzen blieb. Das in Weingärten grassierende Wild – Delikatesse am Tisch der Adeligen – durfte nicht getötet, nur mit Steinwürfen verscheucht werden. Gegen durchgaloppierende Jagdherren und ihr Gefolge gab es nicht einmal diese Abschreckungsmöglichkeit. Da konnte man in ohnmächtiger Wut höchstens die Fäuste ballen.

Wir verweilten etwas ausführlicher bei der Schilderung der sozialen und gesellschaftlichen Zustände der Zeit, da auch Vinzenz von Paul aus diesem „triste milieu" des Jahrhunderts stammte. Anders gesagt: Er war ein Kind des zeitgenössischen Proletariats.

Diese Tatsache – von seinen bürgerlichen Biografen äußerst unscharf gelassen – bestimmte seine Grundhaltung und sein späteres soziales Engagement ganz entscheidend. Sein stiller Trotz, seine stille Abneigung gegen „die da oben", sein Proletarierbewusstsein kommen in vielerlei Gestalten und durchs ganze Leben hindurch zum Vorschein. Der etwas unterspielend-ironische Satz: „Ich bin nur ein Schweinehirt und der Sohn eines armen Dörflers", gehörte zu seinen Standard-Redewendungen.

Um wegen des Wörtchens „von" in seinem Namen keinerlei adelige Assoziationen aufkommen zu lassen, zog er es mit seinem Familiennamen zusammen und unterschrieb hinfort mit „Vincent Depaul". Er bevorzugte außerdem die schlichte Bezeichnung „Monsieur Vincent".

„In meiner Heimat", schreibt er später, „nährt man sich von einem kleinen Samenkorn, man nennt es Hirse, die man in einem Topf kocht. Zur Essenszeit wird sie in ein Gefäß geschüttet, alle Hausbewohner setzen sich um es herum, nehmen ihre Mahlzeit ein und gehen dann an die Arbeit zurück."

Immer wieder wird in ihm dieses Proletarier-Bewusstsein – später durch einen vertieften Glauben geformt und bestätigt – durchbrechen. So sagt er in einer seiner später berühmt gewordenen Ansprachen: „O Herr, gib Du den Geist Deines Priestertums, den die Apostel und ihre Nachfolger, die ersten Priester, besaßen. Gib uns den wahren, großen und göttlichen Geist dieses geweihten Standes, den Du in arme Fischer, Handwerker und arme Leute jener Zeit gesenkt und ihnen aus Deiner Gnade heraus übertragen hast. Denn, Herr, auch wir sind nur geringe Leute, arme Arbeiter und Bauern."

Oder: „Ich darf einen armen Bauern oder eine arme Frau nicht nach ihrem Äußeren oder nach der Tragweite ihres Geistes beurteilen. Oft genug haben sie überhaupt kein ‚Gesicht', noch weniger den Geist denkender Menschen. Sie sind grob und erdhaft. Aber drehen Sie die Medaille um, dann werden Sie im Lichte des Glaubens sehen, dass der Sohn Gottes, der arm sein wollte, uns in diesen Armen entgegentritt. Auch er hatte in seiner Passion kaum noch ein menschliches Gesicht. Er galt bei den Heiden für toll, bei den Juden als Stein des Anstoßes. Und in alledem war er fähig, der Evangelist der Armen zu werden: Den Armen das Evangelium zu predigen bin ich gesandt! Die Armen sind schön anzuschauen, wenn wir sie in Gott und in der Achtung sehen, die Jesus Christus für sie hatte! Nur wenn wir sie vom Körperlichen her und im verweltlichten Geiste betrachten, erscheinen sie verächtlich."

Bis dahin war es freilich noch ein langer Weg.

Trotz aller Impulse, die sich aus der Tatsache nährten, dass Vinzenz zwar aus keiner bettelarmen, doch stark unterprivilegierten sozialen Schicht stammte, wird er nicht zu einem erbitterten Sozialrevolutionär wie etwa Thomas Münzer. Dazu ist er zu oberflächlich, zu bequem. Seine Einstellung ist nicht die eines Mannes mit einem starken Solidaritätsbewusstsein – sosehr auch spätere Biografen seine angeblich bereits in den Jugendjahren sichtbar gewordene soziale Gesinnung hervorheben –, sondern die eines Individualisten, der versucht, dem „triste milieu“ zu entkommen.

Seine Zielvorstellung lautet: Ausbruch aus dem „triste milieu“ durch gesellschaftlichen Aufstieg in einen der Stände des herrschenden Establishments. Auch er möchte ein „großer Hanse“ sein, einer von der High Society seiner Zeit. Das bürgerliche Streben nach Karriere scheint ihm die einzige Möglichkeit zu bieten, seine Absetzung vom „gemeinen Volk“, zu dem er gehört, zu vollziehen.

Von den drei Ständen: Klerus, Adel und Bürgertum, steht ihm eigentlich nur der Weg in den ersten Stand offen. Da sich als schnellster Weg, sein gestecktes Ziel zu erreichen, die kirchliche Laufbahn anbietet, beschließt Vinzenz, Priester zu werden. Wie für Heinrich IV. ist auch für ihn Paris „eine Messe wert“.

Jenes Paris, in dem auf ihn im Dunstkreis höfischer Courtoisie und verschwenderischen Prunkes – bei entsprechender Protektion – ein Leben in Glanz und Gloria warten könnte. Die kirchliche Karriere verspricht Prestige, fette Pfründe und sorgloses Leben. Die Vorstellung, aus dem vierten gleich in den ersten Stand katapultiert zu werden, ist verständlicherweise verlockend. Dazu erlaubt die damalige Vorstellung vom Priesterberuf eine sehr großzügige Lebensweise. Von den Kandidaten gilt, was Abbé Brémond einmal über Richelieu sagt: „Er fürchtet die Hölle; er liebt die Theologie; er ermangelt nicht völlig des Interesses an den Dingen Gottes; aber im Grunde ist sein Reich von dieser Welt.“

Die Pläne des jungen von Paul decken sich mit den Sehnsüchten seiner Eltern. Sie hoffen – und das mit einigem Recht – auf ein sorgenfreies Alter. Die fetten Pfründe des Priestersohnes sollen die Realisierung dieses Wunsches ermöglichen.

Schließlich erinnerte man sich eines Cousins namens Etienne de Paul, der es immerhin zum Prior von Poymartet gebracht und seiner Familie ähnliche Dienste geleistet hatte. So kommt Vinzenz zu den sogenannten schwarzen Franziskanern, den Cordeliers, nach Dax.

Die Internatsspesen bewegen sich in erträglichen Grenzen. Die Bildung entspricht den Kosten; sie ist recht mittelmäßig. Doch für Vinzenz ist das Tor des Kollegiums das Tor zu den Verheißungen der Feudalgesellschaft. Er will von dem, was er hinter sich lässt, nichts mehr wissen.

„Ich erinnere mich", schreibt er später, „dass man in dem Kollegium, in dem ich studierte, mir meldete, mein Vater, der ein armer Bauer war, verlange nach mir. Ich lehnte es ab, mit ihm reden zu gehen."

Es ist eigentlich erschütternd, wie sehr die Scham über die eigene soziale Situation bereits das Bewusstsein des jungen Schülers prägt. Gleichzeitig verrät sie den ungeheuren Druck des Wohlstands- und Prestigedenkens der Feudalgesellschaft, deren Leitbilder sich, was Geld und Geltung betrifft, von den Vorstellungen der heutigen bürgerlichen Wohlstandsgesellschaft kaum unterscheiden. „Ich erinnere mich, dass mein Vater mich als kleinen Knaben in die Stadt mitnahm. Weil er schlecht gekleidet war und ein wenig hinkte, schämte ich mich, mit ihm zu gehen und mich zu meinem Vater zu bekennen."

Vinzenz ist begabt und beliebt. Als ein Herr Comet, Advokat am Gerichtshof in Dax und Richter in Pouy, für seine Kinder einen Hauslehrer sucht, schlägt ihm der Pater Guardian den jungen von Paul vor. Vinzenz wird im Hause Comet alsbald zum Familienmitglied. Der Hausherr ermuntert ihn unablässig, die kirchliche Laufbahn zu ergreifen. In einer Zeit, in der zehnjährige Knaben zu Bischöfen geweiht und zu Kardinälen ernannt werden, stellt es keine Besonderheit dar, wenn Vinzenz, von Comet protegiert, bereits am 20. Dezember 1596 die Tonsur und die niederen Weihen erhält.

Selbst die Priesterweihe lässt nicht allzu lange auf sich warten. Um freilich auch eine möglichst fette Pfründe ergattern zu können, bedarf es einer akademischen Ausbildung an einer Universität, die einen guten Ruf hat. Das kostet Geld, aber Vater Jean de Paul ist nichts zu teuer, um das Studium seines Sohnes zu finanzieren.

Er verkauft ein paar Ochsen, und Vinzenz kann an der im Jahr 1230 gegründeten Universität von Toulouse inskribieren, zu deren Professorenkollegium vor nicht allzu langer Zeit auch Hexenjäger Bodin gezählt hatte.

Wir wissen nicht sehr viel über die Studienjahre des jungen Depaul. Möglicherweise bestritt er auch hier seinen Lebensunterhalt, nach dem Verbrauch der väterlichen Starthilfe, durch Nachhilfeunterricht. Jedenfalls ist er noch nicht zwanzig Jahre alt, als ihm der Bischof von Périgueux, François de Bourdeille, in seiner Privatkapelle am 23. September 1600 die Priesterweihe erteilt.

Zwar wurde das Mindestalter der Weihekandidaten am Konzil von Trient bereits verbindlich festgelegt (23 Jahre für das Diakonat, 25 für das Priesteramt), doch kümmerte sich im gallikanischen Frankreich kaum jemand darum. Es herrschte vielmehr fröhliche Anarchie: Um Priester zu werden, bedarf es in dieser Zeit weder des anstrengenden Studiums noch der Frömmigkeit noch eines bestimmten Alters. Was man braucht, ist lediglich ein bischöfliches „Dimissorium“, eine Art Erlaubnis für die Priesterweihe. Da der Bischof von Dax im Ruf eines Sympathisanten mit dem Calvinismus steht, wendet sich Vinzenz zunächst an den Bischof von Tarbes und bekommt sein Dimissorium schließlich vom neu ernannten Bischof von Dax, Jean-Jacques du Sault.

Biografen des späteren Heiligen gingen, im Eifer, die Spuren der unrühmlichen, im zeitgenössischen Schnellverfahren vollzogenen Priesterweihe zu verwischen, so weit, dass sie sein Geburtsdatum fälschten. Sie machten ihn kurzerhand um fünf Jahre älter, als er zum Zeitpunkt seiner Priesterweihe tatsächlich war. Bis ins 17. Jahrhundert wurde das Geburtsjahr von Vinzenz fälschlich mit 1576 angegeben.

Nach seiner Priesterweihe setzte von Paul seine Universitätsausbildung fort, beendete sie aber ebenso wenig wie seine Gymnasialstudien. Im Oktober 1604 erhält er das Diplom eines Bakkalaureus der Theologie, das ihm erlaubt, die Kirchenväter auszulegen. Später erwirbt er in Paris dazu auch das Bakkalaureat der Rechte.

Dabei bleibt es bis zu seinem Tode. Noch vor seiner Priesterweihe bekam Vinzenz in Buzet, in einem von Toulouse dreißig Kilometer entfernten Ort, eine Stelle als Professor in einem Pensionat. Sie half, seine offenbar chronische Geldknappheit ein wenig zu lindern. Die Anstellung bot freilich nur eine Übergangslösung. Der unermüdliche Advokat Comet legt beim neuen Bischof von Dax ein Wort für Vinzenz ein. Er soll die Pfarre Tilh, eine ausgezeichnete Kirchengemeinde im südlichen Teil der Chalosse, bekommen.

Doch darauf hatte schon ein anderer Priester namens Saint-Soubé ein Auge geworfen. Vinzenz hätte um sein Recht prozessieren müssen, was ihm zuwiderlief. So verzichtet er auf die Pfarrstelle und bleibt in Toulouse. Allerdings nicht sehr lange.

Zu Beginn des Jahres 1605 ruft ihn eine ebenso dringliche wie geheimnisvolle Angelegenheit, von der wir bis heute nichts Näheres wissen, nach Bordeaux. Möglicherweise handelte es sich um eine viel versprechende Chance, von der allerdings nur das Versprechen übrig geblieben sein dürfte.

Als hätte sich die Vorsehung angesichts der rührigen Bemühungen des verhinderten Glücksritters erweichen lassen, reicht sie ihm nun sozusagen den kleinen Finger. Denn kaum kehrt Vinzenz nach Toulouse zurück, da stirbt zu seinem Glück eine „gute alte Frau", deren mütterliche Gefühle er offenbar erwecken konnte, und hinterlässt ihm ein Vermögen. Tücke des Objekts: Die Erbschaft existiert leider nur in Form eines Guthabens, das im Besitz eines Hochstaplers ist, der sich seinerseits nach Marseille abgesetzt hat.

Vinzenz muss zeitraubende und kostspielige Recherchen anstellen, um herauszufinden, wo sich der Erbschaftshinterzieher aufhält. Dabei hat er nicht viele Skrupel. Um seinen Abstecher nach Marseille zu finanzieren, verkauft er kurzerhand sein in Toulouse gemietetes Pferd; der Gaulverleiher hatte das Nachsehen. Zwar beteuerte Vinzenz später, er hätte den ernsten Vorsatz gehabt, nach seiner Rückkehr die Angelegenheit zu regeln, doch blieb es bei dem Vorsatz.

Denn ungefähr im Juli 1605 verschwindet er plötzlich, ratlose Freunde und Bekannte hinter sich lassend, von der Bildfläche. Kein Mensch weiß, wo er steckt. Doch genauso plötzlich, wie er verschwindet, taucht er nach zwei Jahren wieder auf. Was sich inzwischen abgespielt, wo er sich herumgetrieben hatte, darüber gehen die Meinungen auseinander, zumal sich der spätere Heilige an diesen Abschnitt seines Lebens nur ungern erinnerte. Auf Fragen gab er ausweichende Antworten.

Immerhin schrieb er nach seinem Auftauchen am 24. Juli 1607 aus Avignon einen Brief an den Sohn seines inzwischen verstorbenen Gönners Comet, in dem er von einer Fülle von Abenteuern berichtet, die seinem späteren Landsmann Dumas zur Ehre gereicht hätten.

Indes, solcherart Abenteuer sind vor dem Hintergrund der damaligen Zeit und nach der oben geschilderten Ouvertüre gar nicht so unglaubhaft, wie es zartfühlende Hagiografen uns nahelegen. Zumal Vinzenz, in seinem späteren Leben von tiefer Reue über seine Sünden geprägt, den ominösen Bericht ebenso zu vernichten suchte, wie er sich auch über die näheren Umstände seiner Priesterweihe standhaft ausschwieg.

Doch der Herr, dem Vinzenz später sein Leben zur Verfügung stellte, findet offenbar wenig Gefallen an dümmlich-kitschigen Heiligengeschichten, und so blieb der besagte Brief, obwohl während der großen Revolution gestohlen und weiterverkauft, bis heute erhalten. Und kein Biograf kann die angeblichen Erlebnisse des Hochwürden Vinzenz besser beschreiben, als er es selber in diesem Brief an Comet junior tut:

Monsieur,
noch vor zwei Jahren hätte man nach dem äußeren Anschein angesichts der günstigen Fortschritte meiner Angelegenheiten gemeint, Fortuna habe es, ganz ohne mein Verdienst, nur darauf abgesehen, mir mehr Neider als Nachahmer zu erwecken. Aber leider geschah dies nur, um an meinem Fall ihre Unbeständigkeit und ihren Wankelmut damit zu beweisen, dass sie ihre Gunst in Ungunst, ihr Glück in Unglück wandelte. Da Sie, Monsieur, über meine Ange-

legenheiten recht gut informiert sind, haben Sie möglicherweise erfahren, dass ich bei meiner Rückkehr aus Bordeaux ein Testament vorfand, das eine wackere alte Frau aus Toulouse zu meinen Gunsten gemacht hatte. Ihr Vermögen bestand aus einigen Möbeln und einigen Ländereien, die ihr der gemischte Gerichtshof von Castres für dreihundert oder vierhundert Taler zugesprochen hatte, die ihr ein übler Galgenstrick schuldete. Um dieses Vermögen zu realisieren, reiste ich an Ort und Stelle, um alles zu verkaufen, wie mir meine besten Freunde und mein dringender Geldbedarf zur Abtragung der Schulden, die ich gemacht hatte, rieten. Zudem sah ich, dass ich in Verfolgung der Angelegenheit [...] große Ausgaben machen müsste.

An Ort und Stelle stellte ich fest, dass der feine Mann seine Heimat wegen eines Haftbefehls, den die wackere Frau wegen der gleichen Schuld gegen ihn erwirkte, verlassen hatte. Und es wurde mir mitgeteilt, dass er in Marseille gute Geschäfte mache und dort über beträchtliche Mittel verfüge. Hieraus zog mein Sachwalter den Schluss (wie dies in Wirklichkeit auch die Natur der Geschäfte erforderte), ich müsse mich nach Marseille begeben, da er der Ansicht war, ich könnte, wenn ich ihn erst im Gefängnis hätte, zweihundert oder dreihundert Taler von ihm erhalten. Da ich aber keinerlei Geld besaß, um das rasch zu erledigen, verkaufte ich das Pferd, das ich in Toulouse gemietet hatte, im Glauben, es bei der Rückkehr bezahlen zu können. Das Missgeschick hat meine Rückkehr jedoch so sehr verzögert, dass ich mich arg schämen muss, meine Angelegenheit so verworren gelassen zu haben. Ich hätte das nicht getan, wenn Gott mir bei meinem Unternehmen den glücklichen Erfolg beschieden hätte, wie es mir der Anschein verhieß.

Ich reiste also angesichts dieses Ratschlags ab, schnappte meinen Mann in Marseille, ließ ihn ins Gefängnis werfen und einigte mich mit ihm auf dreihundert Taler, die er mir bar ausbezahlte. Als ich eben im Begriff war, auf dem Landweg abzureisen, wurde ich von einem Edelmann, mit dem ich zusammengewohnt hatte, überredet, mich mit ihm angesichts des herrschenden günstigen Wetters bis Narbonne einzuschiffen. Das tat ich denn auch, um rascher dort zu sein und zu sparen – oder besser gesagt: um nie dort anzukommen und alles zu verlieren.

Der Wind war so günstig, dass wir noch am gleichen Tag nach Narbonne gekommen wären, hätte Gott nicht zugelassen, dass wir von drei türkischen Brigantinen angegriffen wurden, die den Löwengolf abfuhren, um den Booten aufzulauern, die von Beaucaire kamen, wo eine Messe stattfand, die nach allgemeiner Ansicht zu den schönsten der Christenheit zählt. Der Angriff auf uns war so heftig, dass zwei oder drei von unseren Leuten getötet und alle anderen verwundet wurden. Ich selbst erhielt einen Pfeilschuss, der mir für den ganzen Rest meines Lebens als Uhr dienen wird. So waren wir gezwungen, uns diesen grausamen Menschen, die schlimmer waren als Tiger, zu ergeben. Ihre ersten Wutausbrüche bestanden darin, unseren Steuermann in hunderttausend Stücke zu zerhacken, weil sie einen ihrer wichtigsten Leute verloren hatten, außer vier oder fünf Galeerensklaven, die ihnen unsere Leute töteten. Danach legten sie uns in Ketten, nachdem sie uns notdürftig verbunden hatten, und setzten ihren Raubzug fort. Sie begingen tausend Diebereien, schenkten aber dennoch denen, die sich kampflos ergaben, die Freiheit wieder, nachdem sie sie ausgeraubt hatten. Schließlich nahmen sie nach sieben oder acht Tagen, mit Waren vollbeladen, Kurs auf die Berberei, einen Banditenschlupfwinkel und eine Diebeshöhle, auch wenn der Großtürke nichts davon wissen will. Nachdem sie dort angekommen waren, stellten sie uns zum Verkauf aus mit einem Protokoll über unsere Gefangennahme, die nach ihren Angaben auf einem spanischen Schiff erfolgt sei; ohne diese Lüge wären wir nämlich von dem Konsul befreit worden, den der König dort hat, um den Franzosen freien Handel zu ermöglichen.

Bei unserem Verkauf gingen sie folgendermaßen vor: Nachdem sie uns völlig nackt ausgezogen hatten, gaben sie jedem eine Art Hose, einen linnenen Rock mit einer Kappe. Sie führten uns durch die Stadt Tunis, die sie extra aufgesucht hatten, um uns zu verkaufen. Nachdem sie uns mit der Kette am Hals fünf- oder sechsmal die Stadt hatten durchqueren lassen, führten sie uns auf das Schiff zurück, damit die Händler hinkommen und sich davon überzeugen konnten, wer gut essen konnte und wer nicht, und um zu zeigen, dass unsere Wunden keineswegs tödlich waren. Nachdem dies geschehen war, führten sie uns wieder auf den Marktplatz, wo uns die Händler genauso untersuchten, wie man dies beim Kauf eines Pferdes oder eines Ochsen tut. Sie ließen uns den Mund aufmachen, um unsere Zähne zu untersuchen, betasteten unsere Rippen, untersuchten unsere Wunden und ließen uns im Schritt, im Trott gehen und laufen, dann Lasten halten und dann kämpfen, um die Kraft jedes Einzelnen feststellen zu können. Wir müssten noch tausenderlei andere Rohheiten erdulden.

Ich wurde an einen Fischer verkauft, der sich meiner bald entledigen musste, da ich das Meer einfach nicht vertrug und infolge der Seekrankheit zu jeder Arbeit untauglich war. Der Fischer verkaufte mich dann an einen Greis, einen spagirischen Arzt, einen unübertrefflichen Meister der quinta essentia, einen sehr menschlichen und gefälligen Mann, der, wie er mir sagte, fünfzig Jahre lang nach dem Stein der Weisen geforscht hatte. Seine Arbeit war bezüglich des Steines vergeblich gewesen, jedoch sehr erfolgreich im Blick auf eine andere Art von Umwandlung der Metalle. Zum Beweis hierfür *sah ich oft, dass er gleich viel Gold wie Silber zusammenschmolz und kleine Plättchen daraus machte. Dann gab er eine Lage von einigen Pulvern, dann eine weitere Lage von Plättchen und dann eine neue Lage von Pulvern in einen Schmelztiegel oder ein Goldschmiedeschmelzgefäß. Das Ganze ließ er vierundzwanzig Stunden auf dem Feuer, dann öffnete er und stellte fest, dass das Silber zu Gold geworden war. Noch häufiger aber sah ich, dass er Quecksilber in Feinsilber erstarren ließ oder fixierte, das er verkaufte, um den Armen zu geben. Meine Aufgabe bestand darin, das Feuer an zehn oder zwölf Öfen zu unterhalten, was mir Gott sei Dank nicht weniger Vergnügen als Mühe machte. Er liebte mich sehr und fand großen Gefallen daran, sich mit mir über die Alchimie und noch mehr über ihre Gesetze zu unterhalten. Er gab sich alle Mühe, mich zu ihr hinzuziehen, indem er mir gewaltige Reichtümer und sein ganzes Wissen versprach.*

Gott erweckte in mir ständig den Glauben an Befreiung aufgrund der beharrlichen Gebete, die ich an ihn und an die heilige Jungfrau Maria richtete, durch deren Fürsprache allein ich nach meiner festen Überzeugung befreit worden bin. Die Hoffnung und der feste Glaube, die mich beseelten, Sie wiederzusehen, mein Herr, trieben mich dazu, ihn ununterbrochen zu bitten, mich das Mittel zu lehren, vom Blasengrieß zu heilen, worin er, wie ich sah, täglich Wunder wirkte. Und er entsprach meiner Bitte, ja er ließ mich sogar die Ingredienzien zurichten und verabreichen. Oh, wie oft habe ich seitdem gewünscht, vor dem Tode ihres verewigten Bruders und comaecenas im Erweisen von Wohltaten mir gegenüber Sklave gewesen zu sein. Wie habe ich gewünscht, das Geheimnis gekannt zu haben, das ich Ihnen übermittle, wobei ich Sie bitte, es ebenso von Herzen aufzunehmen, bin ich doch fest davon überzeugt, dass, hätte ich gewusst, was ich Ihnen nun mitteilen kann, der Tod nicht über ihn triumphiert hätte (zumindest nicht dadurch), wenn man auch sagt, des Menschen Tage sind vor Gott gezählt. Das stimmt; aber er ist nicht gestorben, weil Gott seine Tage nach einer bestimmten Zahl gezählt hatte, sondern die Zahl ist vor Gott gezählt worden, weil es so gekommen ist. Oder, um mich klarer auszudrücken, er ist, als er gestorben ist, nicht gestorben, weil Gott es so vorhergesehen oder die Zahl seiner Tage als solche gezählt hat, sondern er hatte es so vorhergesehen, und die Zahl seiner Tage ist als die, die er erreicht hat, erkannt worden, weil er gestorben ist, als er gestorben ist.

Ich war also bei diesem Greis vom Monat September 1605 bis zum August des nächsten Jahres, als er geholt und zum Großsultan geführt wurde, um für ihn zu arbeiten, freilich vergeblich, denn er starb unterwegs vor Kummer. Er hinterließ mich einem Neffen, einem wahren Anthropomorphisten, der mich bald nach dem Tode seines Onkels weiterverkaufte, weil er gerüchtweise hörte, Herr von Breves, Gesandter des Königs in der Türkei, käme mit guten und bestimmten Urkunden des Großtürken, um die christlichen Sklaven zurückzuholen. Ein Renegat aus Nice in Savoyen, kein Freund des Natürlichen, kaufte mich und nahm mich in seine Temat mit. So heißt nämlich das Gut, das man als Pächter vom Sultan erhält, denn das Volk hat nichts; alles gehört dem Sultan. Sein Temat lag im Gebirge, wo das Land äußerst heiß und einsam ist. Eine der drei Frauen, die er besaß (als Griechin christlich, aber schismatisch), zeichnete ein schöner Geist aus, und sie war mir sehr gewogen. Und später trug eine andere zu meiner Befreiung aus der Sklaverei bei. Sie war Türkin und diente der unendlichen Barmherzigkeit Gottes als Werkzeug dazu, ihren Gatten dem Abfall vom Glauben zu entreißen und in den Schoß der Kirche zurückzuführen. Sie war neugierig, unsere Lebensweise kennenzulernen, und suchte mich so täglich auf den Feldern auf, wo ich Gräben zog. Und schließlich befahl sie mir, meinem Gott Lob zu singen. Die Erinnerung an das Quomodo cantabimus in terra aliena der in Babylon gefangenen Kinder Israel ließ mich, Tränen im Auge, den Psalm Super flumina Babylonis anstimmen und dann das Salve Regina und anderes mehr singen. Dies bereitete ihr so große Wonne, dass sie der Bewunderung voll war. Sie versäumte es nicht, ihrem Mann am Abend zu sagen, er habe unrecht getan, seine Religion aufzugeben, die sie als äußerst gut betrachtete aufgrund eines Berichts, den ich ihr über unseren Gott gegeben, und einiger Lobpreisungen, die ich ihr vorgesungen hatte. Dies habe ihr eine so göttliche Wonne bereitet, erklärte sie, dass sie nicht glauben könne, das Paradies ihrer Väter und das, das sie erhoffe, sei so glorreich und von so großer Freude begleitet wie die Wonne, die sie empfunden habe, während ich meinen Gott lobte, woraus sie schloss, dass hier irgendein Wunder geschehen war. Dieser neue Kaiphas bzw. diese neue Eselin Bileams erreichte mit ihren Ausführungen, dass ihr Mann mir am nächsten Tag erklärte, bei der nächsten guten Gelegenheit würden wir uns nach Frankreich retten, er werde aber in kurzer Zeit ein solches Rettungsmittel finden, dass Gott hierdurch gepriesen werde. Aus diesen wenigen Tagen wurden zehn Monate, während deren er mich mit diesen vergeblichen, schließlich aber doch verwirklichten Hoffnungen nährte. Nach ihrem Ablauf retteten wir uns mit einem kleinen Boot und begaben uns am achtundzwanzigsten Juni nach Aigues-Mortes und bald darauf nach Avignon, wo Seine Gnaden, der Vizelegat, mit Tränen in den Augen und von Rührung überwältigt, den Renegaten öffentlich in der Sankt-Peters-Kirche zur Ehre Gottes und zur Erbauung der Zuschauer aufnahm. Seine Gnaden hielt uns beide zurück, um uns nach Rom zu führen, wohin er sofort reist, wenn sein Nachfolger in seinem dreijährigen Dienst, den er am Johannistag beendete, eingetroffen ist. Er hat dem Pönitenten versprochen, ihn in das strenge Kloster der Fate ben Fratelli aufnehmen zu lassen, in dem er sich dem Dienste Gottes verschrieben hat. Und mir hat er versprochen, mich mit einer guten Pfründe zu versorgen. Er erweist mir die Ehre, mich sehr gern zu mögen und entgegenkommend zu behandeln wegen einiger Geheimnisse auf dem Gebiet der Alchimie, die ich ihn gelehrt habe und die ihm, wie er erklärt, mehr wert sind, che si io li avesse datto un monte di oro (als hätte ich ihm einen Berg von Gold geschenkt), weil er zeitlebens daran gearbeitet hat und keine andere Befriedigung ersehnt. Seine Gnaden, die weiß, dass ich ein Mann der Kirche bin, hat mir aufgetragen, meine Ordinationsurkunden besorgen zu lassen, und mir versichert, er werde mir Gutes erweisen und mich mit einer Pfründe versorgen. Es war nicht leicht, für diese Besorgung einen vertrauenswürdigen Mann zu finden, als mir ein Freund aus dem Hause Seiner Gnaden Herrn Cantereile, den Überbringer, schickte, der nach Toulouse aufbrach. Ich bat ihn, doch schnell einen „Abstecher" zu machen und bis nach Dax zu reiten, um Ihnen diesen Brief zu übergeben und die erwähnten Urkunden, zusammen mit denen, die ich in Toulouse als Bakkalaureus der Theologie erhielt, in Empfang zu nehmen, die Sie ihm bitte aushändigen wollen. Ich sende Ihnen zu diesem Zweck eine Empfangsbescheinigung. Herr Cantereile gehört zum Hause und hat von Seiner Gnaden ausdrücklich Weisung erhalten, sich seines Auftrages getreulich zu entledigen und mir die Papiere nach Rom zu senden, falls wir abgereist sein sollten.

Ich habe zwei Türkise mitgebracht, die die Natur diamantnadelförmig geschliffen hat. Einen davon sende ich Ihnen mit der Bitte, ihn ebenso gern anzunehmen, wie ich diesen Ihnen ergebenst überreiche.

Es ist ausgeschlossen, mein Herr, dass ich bei Ihnen und bei meinen Angehörigen nicht durch meine Gläubiger Ärgernis erregt habe. Ich hätte sie schon teilweise mit hundert oder hundertzwanzig Talern befriedigt, die mir unser Schuldner gegeben hat, hätten mir nicht meine besten Freunde geraten, sie bis zu meiner Rückkehr aus Rom zu behalten, um die Zwischenfälle zu vermeiden, die mir aus Geldmangel zustoßen könnten (obwohl ich den Tisch mit seiner Gnaden teile und mich seines Wohlwollens erfreue); ich bin aber überzeugt, dass sich dieses ganze Ärgernis zum Besten wenden wird.

Ich schreibe an Herrn von Arnaudin und an meine Mutter. Ich bitte Sie, ihnen meine Briefe durch den Mann zustellen zu lassen, den Herr Cantereile entlohnen wird. Sollte meine Mutter zufälligerweise die Urkunden in Sicherheit gebracht haben, so sind sie bei Herrn Rabel eingetragen. Ansonsten bitte ich Sie lediglich, mir auch weiterhin Ihre innig verehrte Zuneigung zu schenken, und verbleibe, Monsieur, Ihr sehr ergebener und gehorsamer Diener.

Von Abenteuern kann man nicht leben, zumal Vinzenz nicht im Entferntesten daran denkt, aus seinen Erlebnissen Kapital zu schlagen.

Bis auf einen Punkt. Wie immer in seinem bisherigen Leben, wenn er mit seinem Anlauf, aus dem „triste milieu" herauszukommen und in die Ränge der großen Gesellschaft vorzustoßen, Schiffbruch erleidet, schickt ihm die Vorsehung einen guten Menschen, der ihn wenigstens aus seinen psychischen Tiefs herausholt. Diesmal ist dies der päpstliche Vizelegat in Avignon, Pietro Francesco Montorio. Er scheint an Vinzenz Gefallen gefunden zu haben.

„Er beehrt mich" – so Vinzenz – „mit seiner Liebe und Zuneigung dank etlicher alchimistischer Geheimnisse, in die ich ihn eingeweiht hatte und mit denen er mehr Staat macht [...] wie er sagt, als wenn ich ihm einen Berg von Gold geschenkt hätte."

Ende Februar weilt Vinzenz mit seinem neuen Gönner in Rom. Er erfreut sich, wie er an Comet junior berichtet, „des Tisches und der Gunst des Monsignore", der geradezu eifersüchtig auf die alchimistischen Praktiken ist, die ihm Vinzenz beibringt, und der ihm – und dies ist für Vinzenz der Zweck der Übung –, „wie er's mir auch versprochen hatte [...], in Frankreich ein ergiebiges Benefizium zuschanzt". Doch auch diesmal münden die Erwartungen von Vinzenz in tiefe Enttäuschung. Gegen Ende 1608 kehrt er nach Paris zurück und lässt sich dort, mittellos wie eh und je, nieder.

Er lebt in den Tag hinein und singt das alte Lied, von dem er offenbar nicht lassen will. An seine Mutter schreibt er (sein Vater starb bereits 1598) voller Zuversicht, Gott werde ihm „bald die Möglichkeit einer ehrenvollen ‚Retirade' geben, um den Rest meiner Tage bei Euch zu verbringen". Den Rest seiner Tage: Vinzenz von Paul ist ganze 29 Jahre alt, es geht ihm schlecht, und er hofft noch immer auf eine satte Pfründe.

Wenige Tage nach diesem Brief verändert sich seine Lage. Durch irgendwelche Protektion aus höfischen Kreisen wird er zum Almosenverwalter der Königin Margarete von Valois, der geschiedenen Gattin Heinrichs IV.

Die „tolle Margot", wie man die Königin gemeinhin nennt, ist eine der vielen schillernden Persönlichkeiten jener bewegten Zeit. Nach ihrer Trennung vom König lebt sie das Leben einer hochgestellten Arbeitslosen, die aufgrund ihrer umfassenden Bildung – sie liest und spricht fließend Lateinisch und Griechisch – mit Dichtern, Musikern und Philosophen verkehrt, und dies nicht nur im geistigen Sinne. Neben ihren nie endenden Liebesabenteuern findet sie immer wieder Zeit für geistige Einkehr und großzügige Wohltätigkeit.

Außer Vinzenz beschäftigt sie noch sieben Almosenverteiler, darunter auch einen Bischof. Vinzenz selbst betraut sie mit der Verteilung der Gelder an Hospitäler. Besonders das Hospital de la Charité, gegenüber ihrem Palast, liegt ihr am Herzen.

Hier in der Charité wird der Almosenverwalter ihrer Hoheit zum ersten Mal mit dem konzentrierten Elend seiner Zeit konfrontiert, hier erwacht in ihm zum ersten Mal das Solidaritätsgefühl mit den Ärmsten der Welt.

Am 14. Mai 1610 wird Heinrich IV. ermordet. Noch lastet das Grauen über Paris, als Vinzenz am 18. Mai vom Erzbischof von Aix das Benefiziat der Zisterzienserabtei Saint-Leonhard de Chaumes bekommt. Doch auch hier lässt ihm die Vorsehung, die ihm offenbar einen anderen Weg zugedacht hatte, keine Chance, seinen Traum vom Aufstieg auf die Sonnenseite des Lebens zu verwirklichen. Die Einkünfte seines Benefiziates stehen nur auf dem Papier, Vinzenz bleibt arm.

Das Elend, mit dem er täglich konfrontiert wird, stimmt ihn zunächst nachdenklich. Vorerst unbemerkbar, doch mit eindeutiger Entschlossenheit, wirkt in ihm die Verwandlungskraft der göttlichen Gnade. Im Gegensatz zu seinen bisherigen, bei aller Güte allzu „weltlichen" Gönnern, tritt jetzt ein völlig andersgearteter Freund in sein Leben. Es ist dies der große Erneuerer Frankreichs und tieffromme Seelenführer Pierre de Bérulle. Er ist es, der das Lebensschiff des Vinzenz von Paul auf die weiten und tiefen Gewässer der aus Glauben und Liebe gespeisten tätigen Nächstenliebe hinaussteuert.

Nach und nach fällt die brüchig gewordene Panzerung seines eigensüchtigen Karrierestrebens von ihm ab, und in dem

Ausmaß, in dem er nicht mehr wie bisher fasziniert auf Glanz und Ruhm der irdischen Ränge starrt, werden seine Augen sehend für jene, denen er den Rücken kehren wollte: für die leidenden Massen seines vierten Standes, des zeitgenössischen Proletariats, deren Elend ihn ins Herz trifft.

Es dämmert in ihm immer mehr die Einsicht, dass seine Berufung nicht darin bestehen kann, in eigensüchtiger Absicht Gönner und fette Pfründen zu sammeln, sondern selbst zum Gönner der Ärmsten seiner Zeit zu werden, um ihre knurrenden Mägen und hungernden Seelen zu sättigen.

Er weiß noch nicht, dass er mit dieser seiner echten Berufung zum Vorläufer und Vorbild all jener bis in unsere Tage wird, deren gesellschaftspolitisches Engagement und soziales Handeln sich weniger in theoretischer Brillanz als in handfestem Tun manifestiert. Ein wahrhaft großes Jahrhundert, das bei allem Blut, Tränen, Mord und endloser Schwatzhaftigkeit, gleichsam als Ausgleich und Entschuldigung, der Welt auch einen Mann der sozialen Tat geschenkt hat.

II. Auf Gottes Spur geraten

„Ach du rechtes, armes, erbarmungswürdiges Häuflein, wie durstig bist du nach dem Wort Gottes!“ Der Seufzer des christlichen Rebellen aus Stolberg, Thomas Münzer, drückte die ganze Misere des zeitgenössischen Christentums aus, das sich von den Wegmarkierungen des Evangeliums längst entfernt hatte. Die Reformation musste kommen.

Sie ließ die Eiterbeule lang aufgestauter Gefühle der Enttäuschung und der ohnmächtigen Wut endlich platzen. „Wie doch die gläubige Welt der Krämer Julius anführt, welcher den Himmel verkauft“, poltert der Ritter Ulrich von Hutten über den Papst und seinen Ablasshandel.

Und Münzer weiter: „Was soll ich viel sagen? Es sind die Herren, die nur fressen und saufen und stehlen, die Tag und Nacht suchen, die trachten, wie sie sich ernähren und viele Pfründe kriegen. Sie sind nicht wie Christus, unser lieber Herre, der sich mit einer Henne vergleicht, die ihre Kinder wärmt. Sie geben den trostlosen verlassenen Menschen auch keine Milch vom Brunnen der unausschöpflichen Vermahnungen Gottes. Denn sie haben den Glauben nicht versucht. Sie sind wie der Storch, der in den Wiesen und Sümpfen die Frösche aufliest; danach speit er sie genauso roh seinen Jungen ins Nest. Ebenso sind auch die wuchersüchtigen und zinserhebenden Pfaffen, welche die toten Wörter der Schrift verschlingen; danach schütten sie den bloßen Buchstaben und unerfahrenen Glauben, der nicht einmal eine Laus wert ist, unter das rechte, arme, arme Volk ... Meiner Ansicht nach ist es nicht ohne Ursache, wenn andere Völker unseren Glauben ein Affenspiel heißen.“

Noch am Vorabend der Reformation bemerkte Luthers Lehrer Staupitz: „Möge Christus helfen, dass wir nach dem Evangelium, das viele im Munde führen, endlich leben, denn ich sehe, dass Unzählige das Evangelium missbrauchen zur Freiheit des Fleisches."

Wie sehr sich das Unbehagen der Zeit über die moralische Korruption hinaus auch auf die sozialen Missstände erstreckt hatte, lassen ironische Sprüche ahnen, wie etwa: „Als Adam grub und Eva spann, wo war denn da der Edelmann?" Als sich ein zerzauster Rest von Repräsentanten des abendländischen Christentums zum Konzil von Trient versammelt hatte, sah er sich zunächst nur vor die Aufgabe gestellt, die Pfeiler des Glaubens schnellstens wieder aufzurichten und das arg in Mitleidenschaft gezogene Gebäude der Kirche wieder auszubessern, von dem man dann im Barock wird singen können: „Ein Haus voll Glorie schauet ..."

Für die soziale Not der Zeit blieb da nicht viel Aufmerksamkeit übrig. Die dringliche Christenpflicht, der Not und dem Elend des zeitgenössischen Proletariats abzuhelfen, drang selbst bei den größten Reformatoren nicht bis ins Bewusstsein.

Für Luther blieb das gemeine Volk nur die „Herren Omnes", der „Pöpel", und Calvin betrachtete den Reichtum als Erweis der göttlichen Gunst. Der Arme war in seinen Augen ein Sünder, dem die göttliche Gnade ermangelt. Der dicke Geldbeutel kündete von göttlicher Zuneigung, der Aufstieg der Bourgeoisie und des Kapitalismus stand unter dem Segen Gottes. Kein Wunder, wenn Marx später den Protestantismus als die bourgeoise Religion schlechthin bezeichnete.

Zwar formuliert Jeremy Bentham erst viel später seine Philosophie des Bürgertums, nach der jeder sich selbst der Nächste sei, die Praxis zeigt eindeutig bereits im 17. Jahrhundert das Aufkeimen des individualistischen Wohlstands- und Karriere-Denkens, das ja dem Feudalismus nicht fremd war und im Kapitalismus nur einen anderen Akzent erhielt.

Indes, in der von den Wirren der Reformationszeit gekennzeichneten Atmosphäre der Betäubung und der Kraftlosigkeit bilden sich nach dem Konzil von Trient innerhalb der katholischen Kirche kleine, vorerst unbedeutende Inseln der radikalen Frömmigkeit, mit einem ausgeprägten Willen zur Erneuerung.

Auch in Frankreich gibt es diese Glashäuser des Gebets und der Einkehr. Man nennt sie das „milieu devot".

Ihre Initiatoren sind sowohl Priester als auch Laien. Einer dieser Kreise, der im Leben des Vinzenz von Paul eine bedeutende Rolle spielt, besteht in Paris. Er wird von der hochgebildeten und angesehenen Mystikerin Madame Acarie geleitet. Zu ihrem Kreis gehört auch der ebenso kluge wie fromme Priester und spätere Kardinal Pierre de Bérulle, dessen Bekanntschaft den Weg Vinzenz von Pauls nachhaltig beeinflusste.

Die Spiritualität des „milieu devot" ist keine nostalgische Zurückwendung zu guten alten Zeiten. Ein jeder auch nur entfernte Gedanke der katholischen Restauration oder Gegenreformation liegt ihr fern. Ihre Träger sind hochgebildete, aufgeklärte und fortschrittliche Männer und Frauen, in denen sich der in die Zukunft gerichtete Blick mit geistigem und seelischem Tiefgang paart. Ihre Motivation wird von einem ansteckenden Optimismus getragen, der den Grund allen Übels nicht so sehr in der Schlechtigkeit der Menschen, als vielmehr in ihrer Unkenntnis des wahren Christentums erblickt.

„Wenn die Welt vom Übel überschwemmt ist, wenn auf ihr der Teufel mächtig ist, so liegt es daran, dass man Gott nicht genügend kennt. Lasst uns dies Dunkel zerstören und die Unkenntnis verjagen! Darum halte ich es für richtig, eine Gesellschaft zu gründen, die aus gelehrten und tugendhaften Priestern besteht, die sich überall nach dem Vorbild der Apostel hinbegeben, um die Wahrheit des Glaubens zu verbreiten und zu verkünden." Die Worte Bérulles zeugen für die erwähnte Gesinnung, sie sind programmatisch für das „milieu devot".

Bérulle selbst ist mit Descartes befreundet, Malebranche, der Descartes' Philosophie fortzusetzen trachtet, ist einer der Oratorianer.

Für die aufgeklärt-fortschrittliche Gesinnung dieser Erneuerer spricht, dass die Mitglieder des Oratoriums, wie man die von Philipp Neri in Italien gegründete und von Bérulle nach Frankreich verpflanzte Priestervereinigung nannte, für den modernsten Lehr- und Schulplan der damaligen Zeit verantwortlich zeichnen. Sie verbieten die körperliche Züchtigung, erlauben nur Ordnungsstrafen und führen den unentgeltlichen Unterricht ein. Wie die Jesuiten legen auch sie gesteigerten Wert auf die sportliche Betätigung ihrer Schüler.

Die geistige Großzügigkeit und der ausgeprägte Sinn für Toleranz paarten sich in Bérulle mit einer tiefen Überzeugungskraft, der sich kaum einer entziehen konnte. Dasselbe könnte man auch von Franz von Sales, einem anderen großen Erneuerer derselben Zeit, aber auch von vielen anderen Gestalten der religiösen Wiedergeburt sagen. Sie alle kennzeichnete eine Haltung, die Michel de Hospital, Kanzler unter Katharina de Medici, so ausgedrückt hatte: „Allen diesen teuflischen Worten,

Parteien, Aufständischen, Lutheranern, Hugenotten, Papisten stellen wir das schöne Wort Christen entgegen."

Das Beispiel und das Wort Bérulles fielen in der Seele des verhinderten Karrieristen Vinzenz auf guten Boden. Doch da wirkte in ihm auch noch etwas anderes: der Antrieb des Kindes armer Leute. Der Wunsch, über die zwar frommen, aber allzu sehr in weltentrückter Mystik gefangenen Gebärden des „milieu devot" hinauszugehen und soziale Taten zu setzen. Hier dürfte der Grund dafür liegen, warum Vinzenz trotz des naheliegenden Gedankens, ins Oratorium Bérulles einzutreten, diesen Schritt nicht vollzog. Ihn drängt es auf dem Lande zu den Ärmsten seiner Heimat und in die Spitäler und Elendsquartiere. Um das Jahr 1610 dürfte er seine innere Umkehr vollzogen haben. Er ist rund dreißig Jahre alt, seine innere Entwicklung scheint sich auf die Spur eingependelt zu haben, die ihm Gott durch Bérulle und das „milieu devot" weist. Unter Bérulles ersten Freunden ragt der Pfarrer von Clichy, François Bourgoing, hervor. Er sollte sich ganz dem Oratorium widmen und verzichtete deshalb auf seine Pfarrei.

Auf Bérulles Betreiben Vinzenz nahm seine Stelle ein. Clichy, heute ein Stadtteil von Paris, war damals noch ein Bauerndorf. Am 2. Mai 1612 übernimmt Vinzenz die Pfarrei, die damals rund sechshundert Christen zählte. Es gelang ihm bald, die Liebe seiner Pfarrkinder zu erwerben. Sie helfen ihm, die Kirche instand zu setzen, deren Altar bereits zerfiel. Noch heute erinnert die solchermaßen hergestellte Kirche an das Wirken des späteren Heiligen in Clichy.

Vinzenz gründet auch eine Klerikerschule, in der sich ein Dutzend Knaben auf den Priesterberuf vorbereitet. Die armen Leute sind von der Persönlichkeit ihres Pfarrers tief beeindruckt, ja begeistert. Sie spüren, dass Vinzenz einer der Ihren ist, einer, der sie versteht und der sie nicht als lästige Zugabe zu einer halbwegs ausreichenden Pfründe betrachtet. Von Letzterem konnte in Clichy ohnedies keine Rede sein. Aber auch der Bauernsohn fühlt sich hier zu Hause. Hier, auf diesem Boden ist er selbst aufgewachsen, hier kann er sich sicher bewegen, hier erblickt er das Terrain für seine zukünftige Tätigkeit.

Kein Wunder, wenn eine Situation entsteht, die Vinzenz später folgendermaßen schildert: „Ich war Landpfarrer, armer Landpfarrer, und ich hatte eine so anständige Bevölkerung, so gehorsam in allem, was ich verlangte. Wenn ich ihnen sagte, sie müssten jeden ersten Sonntag im Monat zur Beichte kommen, dann fehlte keiner. Sie kamen, beichteten, und ich sah von Tag zu Tag den Nutzen, den sie für ihre Seelen daraus zogen. Ich empfand darüber einen solchen Trost und war so zufrieden, dass ich mir sagte: ‚Mein Gott, wie glücklich bist du, eine so anständige Bevölkerung zu haben!'"

Und: „Ich denke, der Papst ist nicht so glücklich wie ein Pfarrer mitten unter einer gutherzigen Bevölkerung." Als ihn eines Tages Henri de Gondi, der erste Kardinal von Retz, fragt, wie es ihm gehe, antwortet Vinzenz begeistert: „Monseigneur, ich bin zufrieden, ich kann es gar nicht sagen, wie sehr."

Auf die weitere Frage des Kardinals nach dem Grund seiner Zufriedenheit fügt er hinzu: „Weil ich eine so anständige Gemeinde habe, so willig in allem, was ich sage. Ich glaube, weder der Heilige Vater noch Sie, Monseigneur, sind so glücklich wie ich." Das Glück des Pfarrers von Clichy sollte nicht allzu lange andauern.

Bérulle, der seine Dispositionen zweifellos in bester Absicht, aber letztlich nach den eigenen Gesichtspunkten traf, hat, als er von dem Marquis Philippe-Emmanuel de Gondi, General der Galeeren, wegen eines Erziehers seines Sohnes konsultiert wird, ebenso wenig Skrupel, Vinzenz von Clichy wieder abzuziehen, als er Skrupel hatte, ihn dorthin zu bringen, als er Bourgoing für sein Oratorium brauchte.

Nach einem halben Jahr verlässt also Vinzenz die Pfarre und kommt zu der Familie Gondi als Erzieher.

Die Gondis stammen aus Italien und sind mit Katharina de Medici in das Land gekommen, wo sich ein Antonio de Gondi als Bankier in Lyon niederließ. Dank der Königin konnte er alsbald die Branche wechseln. Er wurde zum Haushofmeister Heinrichs II., seine Frau Erzieherin der königlichen Kinder. Das Paar stieg so hoch in der Gunst am Hof, dass der älteste Sohn Albert, ein begabter Playboy, es zum General der Galeeren, Herzog von Retz, Pair, Marschall und Oberstkommandierenden von Frankreich brachte. Von seinen beiden Söhnen wurde der ältere, Henri, erster Kardinal von Retz, während der jüngere, Philippe-Emmanuel, in dessen Familie nun Vinzenz seine neue Aufgabe als Erzieher zu erfüllen hatte, das Kommando über die Galeeren erbte.

Im Gegensatz zu seinen Vorfahren fehlten bei Philippe-Emmanuel Gondi die schlechten Eigenschaften seiner Familie: Er war gutmütig, und sein Glaube war aufrichtig. Was nicht bedeuten soll, dass er von den Lastern der Zeit gänzlich frei gewesen wäre.

So duellierte er sich fürs Leben gern, wovon ihn aber Vinzenz alsbald abbrachte. Wie alle, die aus dem „milieu devot“ kamen, war auch Vinzenz gegen jedwedes Blutvergießen: ein eingeschworener Feind des Duells und der Kriege.

Als Vinzenz später zum „Gewissensrat“ der Regentin Anna von Österreich gehörte, ging er mit aller Entschiedenheit gegen die Seuche des Duellierens vor. Ihm und seinem Freund Olier verdankt schließlich Frankreich das Edikt von 1651, in dem die Duelle feierlich verboten wurden. Und das sollte was heißen, wenn man bedenkt, dass allein auf dem Vorplatz von Saint-Sulpice in Paris durch diese Wiederherstellung der Ehre wöchentlich um die 17 Menschen starben.

So sehr auch der Proletariersohn die überspannte und hohle Atmosphäre der Aristokraten verabscheute – er verließ sein Zimmer nur selten und lebte bei den Gondis wie ein Mönch –, verschaffte ihm seine Tätigkeit bei der Familie eine Menge Beziehungen, öffnete ihm so manche Tür und damit neue Möglichkeiten für sein Wirken im Dienst der Armen. So gesehen war seine ganze erzieherische Tätigkeit eher eine Wegweisung der Vorsehung im Interesse dieses höheren Zieles. Die Gondis hatten zwei Söhne, von denen Vinzenz den älteren, Peter, zu erziehen hatte, bei dem jüngeren war offenbar Hopfen und Malz verloren. Aus ihm wurde später jener berühmt-berüchtigte zweite Kardinal von Retz, von dem man behauptete, er sei zu allem imstande, „sogar zum Guten".

Gondis Frau, Françoise Marguerite de Silly, war eine nette, aber äußerst labile Persönlichkeit, die ihrem Beichtvater und „Seelenführer" mit ihren Ängstlichkeiten nicht von der Seite wich. Sie verehrte ihn über alles und war ihm nachgerade hörig.

Das hatte freilich auch seine gute Seite. „Madame la générale" hat nicht nur die Gründungen Vinzenz' großzügig unterstützt, sie selbst opferte sich gänzlich der Betreuung der Armen und Kranken und dem Wohlergehen des achttausendköpfigen Gesindes auf den gräflichen Domänen der Picardie und der Champagne.

Doch weder das Wohlwollen der Gondis noch die Verehrung, die er in ihrem Kreise genoss, konnten Vinzenz in diesem Milieu, das nicht seine Welt war, warm machen. Eher aus Höflichkeit als aus Überzeugung lässt er sich vom General den Titel eines Domherrn und Kämmerers des Kapitels von Ecuis in der Diözese Rouen aufschwatzen. In Wirklichkeit beschäftigt er sich mit Fluchtplänen. Er möchte, wie er Bérulle anvertraut, „sich in irgendeiner fernen Provinz der Erziehung und dem Dienste der armen Landbevölkerung widmen"!

Bérulle gibt nach und besorgt für Vinzenz die Pfarrei Chatillon-Les Dombes in der Diözese Lyon. Vinzenz empfiehlt sich ohne Abschied und nimmt am 1. August 1614 Besitz von seiner neuen Pfarrei.

Seine Pfarrkinder beschreiben ihn später als einen äußerst „bescheidenen, in der Kirche und auch sonst in sich gekehrten Mann, großherzig gegenüber den Armen, nie auf seine Rechte pochend, außergewöhnlich in seiner Demut, Klugheit und Nächstenliebe".

Auch hier packt Vinzenz mit all seiner Leidenschaft zu. Als er in der 2000 Einwohner zählenden Pfarrei eintrifft, findet er dort sechs ältere Kapläne vor, die sich die Beichte und die Kommunion bezahlen lassen, ansonsten aber kaum eine Lust verspüren, den verwilderten Weingarten des Herrn auch nur einigermaßen in Ordnung zu bringen. Kirche und Pfarrhof sehen dementsprechend aus. Die Bevölkerung frönt dem Vergnügen, die Jugend lebt in einer Art Kommune, die Pfarrei ist, wie ein erzbischöfliches Visitationsprotokoll zu Lyon bezeugt, eine „religiöse Ruine".

Doch kaum ist Vinzenz da, geschehen Dinge, die wie ein Wunder anmuten. In vier Monaten ist die Kirche hergestellt, die Unsitte der Beichtabnahme gegen Gebühr ist abgeschafft, die Schlemmerfeste im Schatten des Kirchturms sind eingestellt.

Während der Wiederherstellung des Pfarrhofes wohnt Vinzenz bei einem Hugenotten namens Jean Beynier, der unter seinem Einfluss zum Katholizismus zurückkehrt. Größtes Aufsehen erregt die Bekehrung eines Grafen de Rougemont, der in der ganzen Gegend als ein übel beleumdeter Haudegen verrufen ist. Ein Besuch beim Pfarrer von Chatillon genügt: Durch das Gespräch mit Vinzenz findet der luftige Edelmann neuen Lebenssinn. De Rougemont verkauft seine Ländereien, gründet Klöster, hilft den Armen, widmet sein Schloss in ein Kloster-Hospiz um und stirbt an einer furchtbaren Krankheit wie ein christlicher Dulder.

Hier, in Chatillon, geschieht aber noch viel mehr. Hier gründet Vinzenz das erste seiner großen Werke, die seinen Namen für die Geschichte verewigen: die Confréries de la Charité, die Bruderschaften der Nächstenliebe. „Eines Sonntags" – so berichtet er –, „als ich mich eben für die heilige Messe ankleidete, überbrachte man mir die Nachricht, in einem abgelegenen Haus, etwa eine Viertelstunde weit weg, lägen alle krank darnieder; es blieb keine einzige gesunde Person, um den anderen beizustehen, und alle befänden sich in unsäglicher Not. Das ging mir sehr zu Herzen. Ich unterließ es nicht, sie in der Predigt herzlich zu empfehlen, und Gott rührte die Herzen jener, die mich hörten, und alle waren voll Mitleid zu diesen betrübten Armen." Als er sich selber zu dem besagten Haus begibt, sieht er zu seiner Freude, dass eine ganze Reihe von Frauen die Familie besuchen kam, um ihr mit allerlei Gaben Hilfe zu leisten. Das muss geordnet werden, denkt sich Vinzenz, denn wenn alle auf einmal alles Mögliche daherbringen, gibt es zwar fürs Erste eine Abhilfe, doch morgen kehrt die Not wieder zurück. Er will die Hilfeleistung organisieren und systematisieren. Vinzenz beruft die hilfswilligen Frauen für den 23. August 1617, einen Mittwoch, ein.

Dabei wird die Gründung einer Vereinigung beschlossen, die sich fortan systematisch der Betreuung der Armen und Kranken widmen soll. Die Mitglieder sollen sich nach der Intention von Vinzenz von Tag zu Tag in der „leiblichen und seelischen" Hilfeleistung ablösen. Unter leiblicher Betreuung verstand Vinzenz die materielle und medizinische Hilfe, die seelische Hilfe sollte in der psychologischen Vorbereitung der Sterbenden auf einen guten Tod, der Genesenden aber für ein gutes Leben bestehen.

Bevor er seiner Vereinigung eine Regel gab und sie endgültig promulgierte, wartete Vinzenz noch ab. Er wollte entsprechende Erfahrungen sammeln. Der feierliche Gründungsakt der Confrérie de la Charité, der Bruderschaft der helfenden Liebe, wurde am 8. Dezember 1617 in der Kapelle des Krankenhauses vollzogen.

Der harte Kern jener Bewegung, die als die größte karitative Initiative in die Geschichte eingehen sollte, bestand aus elf teils verheirateten, teils unverheirateten Frauen, die gemäß der von Vinzenz erstellten Satzung eine Vorsitzende, eine Assistentin, eine Schatzmeisterin, zwei Sachwalterinnen und einen Prokurator zu wählen hatten.

Der erste Prokurator der Bewegung wurde Jean Beynier. Die Mitglieder nannten sich Dienerinnen der Armen oder auch „Dienerinnen der Nächstenliebe". Sie kamen an jedem dritten Sonntag im Monat zusammen, um ihre Erfahrungen auszutauschen, etwaige Fehler auszumerzen und notwendige Maßnahmen zu besprechen. Das Motto ihres Handelns stammt aus der Schrift und lautet: „Seid barmherzig, wie auch euer himmlischer Vater barmherzig ist." Sie widmeten sich ausschließlich den Armen unter den Kranken.

Die Regel, die Vinzenz seiner Gemeinschaft gab, zeugt nicht nur von einem hohen praktischen Organisationstalent, sondern auch von jener Liebe und von jenem tiefen Glauben, aus dem sich sein soziales Engagement speist: „Jene, die den Tagesdienst hat, bereitet das Essen und bringt es den Kranken. Sie sagt dem Kranken einen frohen, liebevollen Gruß. Dann stellt sie das Tablett auf dem Bett zurecht, legt die Serviette auf und stellt das Trinkgefäß und das Brot bereit. Sie lässt den Kranken die Hände waschen, spricht das Tischgebet, schöpft die Suppe ein, legt das Fleisch auf einen Teller und richtet das Ganze auf dem Tablett her. Darauf lädt sie den Kranken liebevoll ein zu essen, um der Liebe Jesu und seiner heiligen Mutter willen. Das alles tut sie mit solcher Liebe, als habe sie ihren eigenen Sohn oder vielmehr Gott selbst vor sich, der das Gute, welches sie den Armen erweist, so ansieht, als werde es ihm getan. Zwischendurch sagt sie dem Kranken ein paar Worte über unseren Herrn. In dieser Gesinnung versucht sie, wenn er sehr betrübt ist, ihn aufzuheitern. Ab und zu schneidet sie ihm das Fleisch klein und gibt ihm zu trinken. Hat sie ihn so zum Essen gebracht, dann verlässt sie ihn, sofern er jemanden um sich hat, und geht zu einem anderen Kranken, um diesem in gleicher Weise zu dienen. Sie sollte darauf achten, stets bei einem Kranken zu beginnen, der jemanden um sich hat, um zu denen, die ganz allein sind, erst zuletzt zu gehen, damit sie bei diesen länger bleiben kann."

Heinrich IV. versprach den Franzosen das sonntägliche Huhn im Topf. Was weder der König verwirklichte noch seine Edelleute dem gemeinen Volk vergönnt haben, macht Vinzenz möglich: Jeder Kranke erhält mittags ein Viertelpfund Hammel- oder Kalbfleisch, an Sonn- und Feiertagen gibt es gebratenes Huhn. Abends entweder Braten oder Hackfleisch. Dazu Brot in jeder Menge und für die fieberfreien Kranken zusätzlich ein Viertel Wein. An Fasttagen bringen die Damen der Charité mittags und abends je zwei Eier, dazu Butter und Bouillon.

Chatillon ist nicht Frankreich, schon gar nicht die Welt. Offenbar wusste das auch die Vorsehung, denn sie trachtete, das Werk des Vinzenz Depaul auf breitere Basis zu stellen. Vorerst galt es aber, noch Detailfragen wie die Hortung des Vorrats zu lösen; es war nicht immer möglich, Nahrungsmittel inmitten der Hungersnot herbeizuschaffen, bekanntlich gab es noch keine Gefriertruhen. Man mietete also einen Söller, der das Problem lösen half.

Durch eine Schafzucht konnte man dem Unternehmen eine bescheidene Basis verschaffen. Die Damen von Chatillon bestanden die Probe der bald hereinbrechenden Hungersnot und der Pest außerordentlich gut.

Außer dem Prokurator Beynier gingen vor allem zwei zur katholischen Gemeinschaft zurückgekehrte Hugenottinnen, Frau von la Chassaigne und Frau von Brunand, mit gutem Beispiel voran.

Dann aber war es so weit. Denn vergessen wir nicht die sensible „Madame la générale", die Vinzenz so schmählich in Paris zurück und im Stich gelassen hatte. Genau sie sollte zum Werkzeug der Vorsehung werden. Sie sollte dem Sozialreformer Vinzenz Depaul neue Perspektiven von Paris aus eröffnen.

Im September erreicht Vinzenz ein Brief aus der Hand der Frau Gondi. Es ist ein Gemisch aus jammernder Verzweiflung, frommer Ergebung und handfestem Erpressungsversuch: „Wenn Sie sich jetzt noch weigern zurückzukehren, dann belaste ich Sie vor Gott mit allem, was mir geschieht, und mit allem Guten, das zu tun ich unterlassen werde, weil mir niemand hilft. Sie sehen es sehr wohl, dass der General den gleichen Wunsch hat wie ich, und den Gott selber ihn in Seinem Erbarmen ihm eingibt. Widerstehen Sie nicht dem Guten, das Sie tun können, wenn Sie ihm zu seinem Seelenheil helfen, denn er hat ja die Aufgabe, eines Tages zum Heile vieler anderer beizutragen."

Was schert sich die ansonsten fromme Madame Gondi um die Kranken in Chatillon? Ihr eigener Schmerz, der plötzliche Verlust ihres „Seelenführers", geht ihr noch allemal bevor. Dieser aber steht vor einer schweren Entscheidung, zumal ihn auch Herr Gondi selbst mit liebenswürdiger Nonchalance, aber ganz entschieden drängt, doch wieder nach Paris und in sein Haus zurückzukehren. Vom General bekniet, schlägt auch Bérulle in dieselbe Kerbe. Schweren Herzens nimmt Vinzenz Abschied von Chatillon und kehrt in eine Welt zurück, die nicht die seine ist und die er steril und oberflächlich findet.

Aus den Briefen der Gondis haucht ihn wieder einmal das ganze Elend der High Society seiner Zeit an, das sie hinter einer Fassade von Eitelkeiten und Prunk zu verbergen sucht. „Ich hätte lieber die Erde geackert, als mich einem so furchtbaren Stande zu verschreiben", schreibt Vinzenz fünf Jahre vor seinem Tode. Es klingt wie ein Fluch.

III. Unter Häftlingen und Bettlern

Jedes Jahr, wenn auf den Dächern von Paris lustiger Vogelgesang vom nahenden Frühling kündete, begann für eine besondere Spezies von Häftlingen der Hauptstadt die qualvolle Reise in das KZ der damaligen Zeit. Es waren die Galeerenhäftlinge, die Sklaven des „Grand Siècle". Die Verwendung der Galeeren, dieser langgezogenen flachen Segelschiffe, von unzähligen Ruderern in Gang gehalten, ist bereits aus der Antike bekannt. Sie werden aber erst unter Karl IV. zum festen Bestandteil der königlich-französischen Seeflotte. Seit dem 16. Jahrhundert sorgte der Strafvollzug dafür, dass die Ruderbänke der Galeeren nicht verwaisten. Eigentlich sollte dadurch die Muskelkraft von Schwerverbrechern in den Dienst des Staates gestellt werden, in Wirklichkeit aber bestimmte die Nachfrage das Angebot. Die Gerichte wurden um Nachschub gebeten, dementsprechend fielen die Urteile aus. So trafen sich an Bord dieser Höllensegler Räuber, Diebe und Mörder mit unbescholtenen Bürgern, deren einziges Vergehen darin bestand, etwas mehr Salz im Küchenkasten aufbewahrt zu haben, als behördlich erlaubt war.

In Zeiten des Mangels an Ruderpersonal interessierte die betroffenen Richter nicht so sehr das Sündenregister der Delinquenten als ihre Muskeln. Bis zum Ende des 16. Jahrhunderts mauserte sich die französische Galeeren-Flotte zu einer selbstständigen Organisation innerhalb der Marine, unter der Befehlsgewalt eines eigenen Galeerengenerals. Er hieß, zu Zeiten des Vinzenz Depaul, Philippe-Emmanuel de Gondi: Es war sein Gastgeber. Gondis Kommando erstreckte sich auf rund zwanzig Schiffe und ungefähr 6000 Häftlinge. Als Sammelgefängnis für die zukünftigen Galeerensklaven dienten verschiedene Gefängnisse von Paris, allen voran die berühmt-berüchtigte Conciergerie. Von hier aus traten die Unglückseligen ihre Reise nach Marseille an, wo sie eingeschifft wurden.

Es war nicht nur eine Reise in die Sklaverei, sondern auch ins Ungewisse, denn niemand scherte sich um das Strafmaß, man vergaß es einfach zu notieren. Man brauchte die Leute an den Rudern, und zwar für möglichst lange Zeit. Im März oder April ging die alljährliche „Kette", wie man den Häftlingstransport nannte, zum Hafen von Marseille ab.

Wie sich der Empfang der Häftlinge in den Pariser Sammelgefängnissen abgespielt hat, schildert ein mit dem Leben davongekommener Sträfling der damaligen Zeit folgendermaßen:

Man führte uns in das geräumige, aber grausige Verlies der großen Kette [...] Obwohl ich an die Verliese, Fesseln, Ketten und andere Instrumente gewohnt war, die die Tyrannei oder das Verbrechen erfunden hatten, muss ich gestehen, dass ich nicht die Kraft aufbrachte, das Zittern, das mich befiel, das Entsetzen, das mich erfüllte, als ich diesen Ort sah, zu unterdrücken. [...] Es handelt sich um ein großes Verlies, oder besser, um eine geräumige Höhle, die mit dicken Balken aus Eichenholz ausgestattet ist, die im Abstand von etwa drei Fuß angebracht sind. Diese Balken sind zweieinhalb Fuß stark und so angebracht und am Boden befestigt, dass man sie auf den ersten Blick für Bänke halten könnte. Der Zweck, dem sie dienen, ist jedoch viel unbequemer. [...] Dicke eiserne Ketten von eineinhalb Fuß Länge und jeweils im Abstand von zwei Fuß sind an ihnen befestigt; und am Ende von zwei von diesen Ketten befindet sich ein Halsring aus dem gleichen Metall. Kommen die unglücklichen Galeerensklaven in diesem Verlies an, so müssen sie sich halb niederlegen, damit der Kopf auf den Balken zu liegen kommt. Dann legt man ihnen den Halsring an [...]. man verschließt ihn und vernietet ihn auf einem Amboss mit starken Hammerschlägen. Da diese Ketten mit Halsringen zwei Fuß voneinander entfernt sind und die Balken meist vierzig Fuß lang sind, kettet man hier zwanzig Mann in einer Reihe hintereinander an. [...] Die Höhle ist so groß, dass man in ihr in der geschilderten Weise bis zu fünfhundert Menschen in Ketten legen kann. Nichts ist entsetzlicher als der Anblick der Haltung und Positur dieser so gefesselten Unglücklichen. [...] Ein so angefesselter Mensch kann sich nicht der Länge nach niederlegen, da der Balken, auf dem sein Kopf liegt, zu hoch ist; er kann sich aber auch weder setzen noch gerade halten, da dieser Balken zu niedrig ist. [...] Alle Nächte halten fünf oder sechs Henker von Schließern in diesem Verlies Wache. Unbarmherzig stürzen sie sich auf alle, die schreien oder jammern, und schlagen sie barbarisch mit Ochsenziemern zusammen.

Um neun Uhr vormittags ließ man uns alle aus dem Verlies heraus und in einen geräumigen Hof vor dem Schloss hinein. Man kettete uns jeweils zu zweien am Hals an mit einer dicken Kette von drei Fuß Länge, in deren Mitte ein runder Ring angebracht war. Nachdem man uns so angekettet hatte, ließ man uns in einer Reihe paarweise hintereinander antreten. Und dann zog man eine lange und dicke Kette durch alle diese Ringe, sodass wir alle zusammengefesselt waren. [...] Wir waren etwa vierhundert Mann.

Die Qual setzte sich auf den Galeeren fort. Die einzelnen Schiffe wiesen 25 bis 30 Ruderbänke auf, mit jeweils fünf bis sechs Häftlingen an einem Ruder.

Die Sträflinge waren, schmutzig und nackt wie sie nun einmal dasaßen, hilflos den Peitschenhieben ihrer Aufseher ausgeliefert. Gegen Stürme und Regen schützte sie nur ein dünnes Zeltdach. Um Aufstände zu vermeiden, wurden sie an ihre Blöcke und Ruderbänke gekettet. Die Nahrung war schlecht und gerade so viel, dass man eine angemessene Leistung erwarten konnte. Als einziges psychologisches Ventil blieb den solchermaßen Arrestierten das Fluchen auf Gott und Welt.

Kurz nach seiner Rückkehr von Chatillon musste Vinzenz den General nach Marseille begleiten, wo sich dessen Hauptquartier befand. Hier sah er zum ersten Mal das Elend der Häftlinge, die menschenunwürdige Situation, in der sie sich befanden. Menschenrechtskämpfer Depaul, selbst im ärmsten und sündhaftesten Geschöpf noch ein Kind Gottes sehend, konnte da nicht tatenlos zusehen. Er sprach bei Gondi vor und erreichte zunächst, dass für die Ärmsten der Galeerensklaven, die Kranken unter ihnen, ein Spitalsbau eingeleitet wurde. Das Krankenhaus wurde mangels finanzieller Mittel erst im Jahr 1645 fertiggestellt. Dass es letztlich dann seinen Betrieb aufnehmen konnte, verdankte Depaul den großzügigen Zuwendungen der Herzogin von Aiguillon, der Nichte des allmächtigen Kardinals Richelieu.

Nachdem Vinzenz um Ostern 1618 herum nach Paris zurückgekehrt war, nahm er sich unverzüglich der Häftlinge in den Sammelgefängnissen an. Er versuchte zunächst, ihre Lebensbedingungen zu verbessern. Er sprach beim Staatsanwalt vor und erreichte, dass sie in ein menschlicheres Gefängnis im Faubourg Saint-Honoré kamen, wo sie unter weniger beschwerlichen Bedingungen auf ihren Abtransport warten konnten. Er sammelte Lebensmittel und Kleider für sie. Auf Ansuchen seines Gastgebers wurde Vinzenz am 8. Februar 1619 zum obersten Militärpfarrer des Königs ernannt und hatte somit die Leitung der Galeeren-Geistlichkeit inne. Es gelang ihm dadurch, eine Reihe von Missständen abzuschaffen.

Als er 1625 die Kongregation der Volksmissionare ins Leben gerufen hatte, bestimmte er in den Statuten, dass man den Sträflingen geistlichen Beistand leisten und an ihren leiblichen Strafen Anteil nehmen möge.

Das neue Gefängnis am Faubourg Saint-Honoré war zwar besser als die unmenschlichen Sammelgefängnisse von Paris, aber deswegen noch lange nicht ideal. Es war ständig überfüllt, und man gestattete den Häftlingen keine Spaziergänge im Hof. Willkommene Hilfe bedeuteten in dieser Situation für Vinzenz, vor allem aber für die Galeerenhäftlinge, die Aktivitäten der christlichen Geheimgesellschaft „Vereinigung vom heiligen Sakrament", deren fortschrittliche Vorstellungen von den Menschenrechten selbst den heutigen Beobachter in Erstaunen versetzen. Sie bildete eine Art Amnesty International christlicher Prägung. Ihre Mitglieder rekrutierten sich aus dem Kreis sozial engagierter Christen, an deren Aktivitäten Vinzenz lebhaften Anteil nahm. Die Sektion in Paris stand mit jener in Marseille in Verbindung. Sie besorgte für die Häftlinge Ausweispapiere und drängte bei den Behörden auf die genaue Einhaltung der Haftzeiten. Sobald die Häftlinge ihr Strafmaß abgebüßt hatten, sorgte diese „Compagnie du Saint-Sacrement" für die Rückführung der Häftlinge in die Gesellschaft. In Paris selbst erreichten sie auf dem Gebiet der Hafterleichterung einige Konzessionen: Fortan durften die Sträflinge auch Spaziergänge im Freien absolvieren.

Im Jahr 1632 gelang es Vinzenz, die Verlegung des Gefängnisses in einen Eckturm der alten Stadtmauer von Paris durchzusetzen, wodurch die Häftlinge nicht mehr unter der unmenschlichen Enge zu leiden hatten. Er organisierte auch die Lebensmittelversorgung, da die Gefängnisverwaltung nur Brot und Wasser lieferte. Er setzte zur Betreuung dieser Unglücklichen auch seine Caritas-Damen ein und schickte ab 1640 die Barmherzigen Schwestern zu den Häftlingen, die dort für eine kontinuierliche leiblich-seelische Betreuung sorgten.

Ein überaus gewagtes Unternehmen, da in diesem Milieu kaum im Klosterton gesprochen wurde und es zu heiklen Situationen kommen konnte. Vinzenz verfasste dafür ein eigenes Reglement, und der Klugheit der Schwestern war zu danken, dass die Aktion funktionierte.

Mit welcher Liebe und psychologischem Einfühlungsvermögen dieses Genie der Nächstenliebe und der sozialen Tat sich der Galeerenhäftlinge, die in den Kreisen der High Society als der Abschaum der Gesellschaft galten, annahm, zeigen seine Direktiven bezüglich ihrer Behandlung. So schreibt er an General Gondi:

Hat Gott unsere erste Mission gesegnet, so war dies, wie beobachtet worden ist, der Fall, weil man gütig, demütig und aufrichtig auf alle Arten von Menschen eingewirkt hat. Und geruhte Gott, sich des Erbärmlichsten zur Bekehrung einiger Ketzer zu bedienen, so haben sie selbst gestanden, dass dies durch die Geduld und die Herzlichkeit, die er für sie an den Tag legte, erreicht worden war. Auch die Galeerensklaven, mit denen ich zusammengehaust habe, kann man nicht anders gewinnen. Passierte es, dass ich unfreundlich mit ihnen sprach, so habe ich alles verdorben. Habe ich sie dagegen wegen ihrer Ergebung gelobt, in ihren Leiden bedauert, ihnen gesagt, sie seien glücklich, ihr Fegfeuer schon in dieser Welt durchmachen zu können, ihre Ketten geküsst, mit ihren Schmerzen Mitleid empfunden und mich wegen ihres Missgeschicks betrübt gezeigt, so haben sie auf mich gehört, Gott die Ehre gegeben und die ewige Seligkeit gewonnen. Ich bitte Sie, Monsieur, mir zu helfen, Gott hierfür zu danken und ihn zu bitten, er möge geruhen, es auch allen Missionaren zur Gewohnheit zu machen, den Nächsten und sogar die Sünder und die Verstockten in der Öffentlichkeit und unter vier Augen sanft, demütig und liebevoll zu behandeln und nie Schmähungen, Vorwürfe oder harte Worte gegen irgendjemanden zu gebrauchen.

Sicher konnte Vinzenz Depaul die Lage der Häftlinge nicht grundlegend ändern. Dazu hatte der Reformer in der Soutane keine Macht und sicher auch keine revolutionären Impulse. Es ist aber auch höchst unwahrscheinlich, dass der Mann, der wie kaum ein anderer das Elend seines Jahrhunderts kannte, das aus den ununterbrochenen Kriegen und Epidemien stammte, für eine blutige Revolution zu haben gewesen wäre, die das Elend nur noch vergrößert hätte. Er handelte vielmehr nach jener christlichen Devise, die bis heute keinen Deut von ihrer Aktualität verloren hat und die der brasilianische Bischof Dom Hélder Câmara einmal programmatisch so formulierte: „Die Armen von der Armut, die Reichen von ihrem Egoismus befreien."

Dies gelang, wie wir noch sehen werden, dem ersten großen Sozialreformer der Neuzeit in einem so erstaunlichen Ausmaß, dass wir bis zum heutigen Tag keine Parallele in der Geschichte dazu entdecken können. Zumal Vinzenz auf Gewaltlosigkeit schwor.

Doch nicht nur die Galeerenhäftlinge, auch die blanke Armut im Land rief nach dringender Hilfe. Sie war der Ausfluss einer katastrophal schlechten Finanzpolitik, an der die ansonsten klug regierende Regentin Maria von Medici ebenso Schuld trug wie ihr mächtiges Geschöpf, der Kardinal Richelieu. Die Großen hatten ja alles, was sie benötigten, sie konnten sich mehr oder weniger unbekümmert der Intrige, dem Duell und den diversen Kriegen widmen; der große Verlierer war dabei, wie immer, das Volk.

Die Arbeiter und die Landbevölkerung lebten in ärmlichen Verhältnissen, ja in Elend. Selbst in den kleinsten Dörfern fristeten Hunderte Menschen allein von der Wohltätigkeit ihr Dasein, und die Bettler gehörten so natürlich zu der Umgebung der Kirchen wie die steinernen Stufen, auf denen sie saßen.

Die Behörden standen dem Problem hilflos gegenüber, ihre Vorstellungskraft reichte nicht aus, auch nur eine einigermaßen funktionierende kommunal-soziale Organisation ins Leben zu rufen. Aber auch dies war eine Hypothek der Zeit.

Selbst dort, wo, wie in Münster/Westfalen im Jahre 1534, ein früher revolutionärer Versuch gestartet wurde, radikal-soziale Kommunalpolitik zu verwirklichen, scheiterte dieser sowohl am äußeren Feind wie auch an dem eigenen Unvermögen, dies ohne Blut und Terror zustande zu bringen. Dazu gesellten sich schwärmerisch-verschrobene Vorstellungen von einem utopischen Himmelreich auf Erden, dessen Verwirklichung in der Geschichte meistens zu Höllenzuständen führt. Vinzenz tat in der gegebenen Situation, was er tun konnte. Das Paradebeispiel seiner karitativen Kommunalpolitik bleibt die Stadt Mâcon mit ihren Bettlern.

Er wollte eigentlich nur drei Tage in Mâcon verbringen, blieb aber dann drei Wochen. Beeindruckt von der verhältnismäßig riesigen Schar der Bettler in den Straßen der Stadt, sprach Vinzenz bei der Stadtverwaltung vor. Sie akzeptierte seine Vorschläge. Er ließ zunächst die Bettler zählen: Es waren deren rund dreihundert. Dann gründete er eine Bruderschaft seiner Charité, die sowohl aus männlichen wie auch aus weiblichen Mitgliedern bestand. Ihnen wurde die systematische Betreuung der Bettler übertragen. Man traf sich allsonntäglich in Saint-Nizier bei der Messe. Nach dem Gottesdienst wurden die Geld- und Naturaliengaben verteilt, die Bettlerei verboten. Die Bedürftigen wurden außerdem auch in ihren Häusern aufgesucht. Vinzenz' größte Sorge war dabei die Schaffung einer soliden finanziellen Basis.

Immerhin konnte er 1635 nicht ohne Stolz schreiben: „Als ich die Caritas-Bruderschaft von Mâcon errichtete, machte sich jedermann über mich lustig, und die Leute zeigten auf den Straßen mit den Fingern auf mich; als dann aber die Sache klappte, vergossen viele Freudentränen, und die Bürger der Stadt erwiesen mir bei meinem Scheiden so viel Ehre, dass ich es nicht mehr ertrug und im Geheimen abreiste, um ihrem Beifall zu entgehen. Die Bruderschaft von Mâcon ist eine der besterrichteten."

Vinzenz wusste freilich kraft seiner christlichen Einsicht, dass der Mensch nicht vom Brot allein leben kann. Deshalb war sein Bestreben, gleichzeitig mit der materiellen Not immer wieder auch die geistig-seelische Not seiner Umwelt zu lindern.

Und es war auch auf diesem Gebiet mehr als genug zu tun. So gab es bereits Schwierigkeiten bezüglich geeigneter Gottesdiensträume. Die Kirchen wurden in den Religionskriegen entweder dem Erdboden gleichgemacht oder verfielen mangels Interesse vonseiten der zuständigen kirchlichen Behörden. Trümmer, wildwucherndes Unkraut und einsturzgefährdete

Ruinen erinnerten an die einstigen Gotteshäuser. Die Priesterschaft war ungebildet und führte, anstatt sich auf ihre Aufgabe zu konzentrieren, ein überaus weltliches Leben. Madame la générale musste selbst die schmerzliche Erfahrung machen, dass so mancher Priester, bei dem sie ihre Sünden im Beichtstuhl deponieren wollte, nicht einmal die Lossprechungsformel kannte.

Statt lästiger Predigten, von denen man offenbar kaum eine nennenswerte Wirkung erwartete, und mühsamem Religionsunterricht vertrieb man sich die Zeit mit entsprechendem Vergnügen. Doch vorderhand fand Vinzenz kaum Zeit, die abgestumpften, ja glaubenslosen Priester seiner Heimat zu reformieren. Er registrierte diese Aufgabe für später.

Seine Aufmerksamkeit richtete sich zunächst auf die von ihren Hirten im Stich gelassene Herde. Für sie musste dringend etwas getan werden.

Vinzenz war kein Dampfplauderer, aber auch kein moderner Managertyp, der sich zwischen hunderterlei Aufgaben aufreibt, sondern ein Mann des Systems, der Organisation und des untrüglichen Scharfblickes, ja der begnadeten Einfühlungsgabe, mit deren Hilfe er seine Prioritäten setzte.

Den eigentlichen Anstoß zu dieser Erneuerungsaufgabe gab ihm ein Erlebnis in dem kleinen Ort Gannes in der Diözese Amiens, nicht weit vom Schloss der Gondis in Folleville.

Er wurde zu einem sterbenden Bauern gerufen, der sein Gewissen in einer Generalbeichte erleichtern wollte. Vinzenz wurde von diesem Bekenntnis erschüttert. Er bekam dadurch einen Einblick in das seelische Elend seiner Landsleute. Wie in einer Krankengeschichte spiegelten sich in dieser Beichte die Verwahrlosung und innere Armut der Menschen im weiten

Land, ihre seelische Hungersnot und Sehnsucht nach entsprechender Nahrung.

Die Gondis kannten Vinzenz bereits genau und wussten, dass ihn die allzu private Beschäftigung mit den Seelenschmerzen der Hausherrin kaum von den viel wichtigeren Aufgaben unter der Landbevölkerung abhalten konnte. Sie gewährten ihm deshalb großzügige Freiheit, indem sie ihm einen Aushilfspriester für die erzieherische Tätigkeit bestellten. So fand er mehr Freizeit, sich dem zu widmen, wozu ihn sein Charisma befähigte und Gottes Geist ihn antrieb. Er wurde seitens der Gondis nicht nur nicht behindert, sondern sogar ermuntert, dieses wichtige Werk der seelischen Charité unter der armen Landbevölkerung in Angriff zu nehmen.

Am 25. Februar 1617 begann Vinzenz seine Volksmission, bei der ihm Jesuiten aus Amiens geholfen haben.

Sie wurde im Besitzbereich der Gondis zu einem so großen Erfolg, dass Frau Gondi sie zu einer ständigen Einrichtung auf ihren Ländereien zu machen gedachte. Immer wieder zog es Vinzenz zu den Seinen, den Bauern. Im Jahre 1618 hören wir von einer Mission unter der Bauernbevölkerung von Villepreux, dann – im Herbst 1618 – in Joigny und Montmirail. Alsbald verbreitete sich die Kunde von seiner Tätigkeit auch über die engen Grenzen der Gondi'schen Besitzungen hinaus, und Vinzenz wurde auch in andere Diözesen eingeladen, Volksmissionen abzuhalten.

Die Methode dieses Aufklärungs- und Erweckungsfeldzuges war ziemlich einfach: Das Volk wurde an einem zentralen Ort versammelt, wobei man auch die Einwohner benachbarter kleinerer Orte einbezog. Das hauptsächliche Ziel war, religiöse Kenntnisse zu vermitteln, Vorurteile abzubauen und das Wesen des Christentums herauszustellen. Die Erweckung zielte aber nicht nur auf diesen eher wissenserweiternden oder korrigierenden Aspekt hin, sondern versuchte auch, den Einzelnen zur Umkehr zu bewegen. Deshalb bildete den Abschluss der Mission der Aufruf zur Lebensbeichte, die den Zweck hatte, den Christen mit seinem bisherigen Leben zu konfrontieren und ihm die erbarmende Liebe Gottes vor Augen zu führen. Gleichzeitig sollte die Mission ein begeistertes Ja zur Nachfolge Christi bewirken. Um diese christliche Erweckung nicht im Individuellen und Theoretischen steckenbleiben zu lassen, gründete Vinzenz nach dem Muster von Chatillon überall auch Bruderschaften der Nächstenliebe. Zunächst sind diese Bruderschaften nur Vereinigungen von Frauen. Im Jahre 1620 gründet Vinzenz aber auch eine solche für Männer, und zwar in Folleville. Mit gemischten Bruderschaften, in denen sowohl Frauen wie auch Männer mitgewirkt hatten, machte er weniger gute Erfahrungen; er musste sie nach einer gewissen Zeit auflösen, sofern sie sich nicht schon von selber aufgelöst hatten.

Es ist klar, dass dieser anstrengende Feldzug ohne Hilfe von außen nicht zu bewältigen war. Vinzenz wendete sich deshalb an verschiedene Ordensleitungen seines Landes und bat für die Volksmissionen um Mitarbeiter. Er erhielt nur Absagen. Man kann sich angesichts dieses deprimierenden Aspekts nicht des Verdachts erwehren, dass sein Werk, wie wir es auch in anderen Bereichen noch sehen werden, nicht nur kaum verstanden, sondern auch mit einigem Neid verfolgt wurde. Bekanntlich sind auch Männer der Kirche nicht von solcherlei Schwächen und Sünden frei.

Mit typisch fraulicher Entschlossenheit schlägt deshalb Madame Gondi die Gründung einer eigenen Missionsgesellschaft vor. Der Plan wird sowohl von General Gondi als auch vom erzbischöflichen Schwager lebhaft bejaht. Letzterer stellt zu diesem Zweck ein baufälliges Studentenheim aus dem 13. Jahrhundert zur Verfügung. Es ist das sogenannte „Kolleg der Guten Kinder".

Hier soll Vinzenz mit einer jährlichen Zuwendung des Hauses Gondi sowohl gelehrte wie auch fromme Priester ausbilden, die keinerlei kirchliche Ämter, Würden und Benefizien besitzen, deren Sinn also nicht auf eine irdische Karriere mit fetten Pfründen ausgerichtet ist. Am 17. April 1625 wird die Gründungsurkunde unterzeichnet.

Die ersten Gefährten, die Vinzenz um sich schart und die er in der Rue Saint-Victor unterbringt, sind Anton Portal, Franz du Boudry und Johann von Saller. Sie verpflichten sich zu gemeinsamem Leben und Wirken. Ihr Ziel ist, „das arme Landvolk in der Glaubenslehre zu unterweisen, ihm zu predigen und es zu veranlassen, die Generalbeichte abzulegen". Im Jahr 1627 wurde die Gesellschaft von Ludwig XII. auch öffentlich anerkannt. Nach den Intentionen von Vinzenz soll die ausschließliche Aufgabe der Gesellschaft in der materiellen und geistigen Betreuung der Landbevölkerung bestehen. In den Städten soll nur in Ausnahmefällen missioniert werden. Auf den Besitzungen der Gondis sollen sich die Missionen in einem Abstand von fünf Jahren wiederholen. Jede Mission dauert einen Monat lang. Anschließend ziehen sich die Missionare zu einer Einkehr von etwa drei bis vier Tagen zurück. In dieser Zeit soll Bilanz gezogen werden. Darauf folgen zwei Wochen der peinlich genauen und gewissenhaften Vorbereitung auf die nächste Mission, wobei eine Art soziologischer Bestandsaufnahme der in Frage kommenden Bevölkerung und ihrer geistig-glaubensmäßigen Verfassung die maximale Wirksamkeit sichern soll.

In der Erntezeit, also von Juni bis September, finden keine Volksmissionen statt. In dieser Zeit gehen die Missionspriester Depauls nur an Sonntagen aufs Land, um bei den Gottesdiensten auszuhelfen und Katechesen abzuhalten. Derweil wohnt Vinzenz noch immer im Hause der Gondis. Er hält sich an sein Versprechen, das ihm Madame la générale abgerungen hatte.

Doch so sehr sie auch auf Vinzenz' Nähe besteht, Gott beschließt anderes. Denn Margarete von Silly, Comtesse von Joigny, Marquise des Iles-d'Or, wie ihre hochklingenden Titel hießen, stirbt, einundvierzig Jahre alt, am 23. Juni 1625. Sie hinterlässt dem Monsieur Vincent, wie Marcelle Auclair einfühlend schreibt, eine Gewissheit: „Er weiß nun aus Erfahrung, wie wirksam für ein großes Werk zweierlei sein kann: der kleine Starrsinn, den eine Frau Tag für Tag, Stunde für Stunde zeigen kann, und die ungeheure Hingabe, deren alle Frauen fähig sind."

Madame Gondi, diese bei all ihren Schwächen große und tiefgläubige Christin, wird bei den Karmelitinnen, die sie ebenfalls in ihrem ganzen Leben unterstützt hatte, bestattet. Rückblickend kann gesagt werden, dass sie zu jenen zahlreichen Reichen ihrer Zeit gehört hatte, bei denen die soziale Devise von Vinzenz vollen Erfolg zeitigen konnte: die Reichen von ihrem Egoismus zu befreien, und die Armen von ihrer Armut – von der materiellen und der geistigen.

Der Tod seiner heißgeliebten Frau trifft General Gondi hart: Er bricht bei der Todesmeldung zusammen. Zehn Monate später tritt er den Oratorianern bei, um seinem Leben einen neuen Halt zu geben.

„Ich habe ihn als Edelmann gesehen" – bemerkt später Vinzenz –, „der dreimal am Tage die Kleider wechselte, solange er bei Hofe war, und später sah ich ihn in dürftiger, zerrissener Soutane, mit durchstoßenen Ellenbogen."

Noch in ihrem Testament beschwört Margarete de Silly ihren Mann, Vinzenz im Haus zu behalten. Doch der General entbindet seinen Gast von dieser „Pflicht" und lässt ihn in das Kolleg der Guten Kinder übersiedeln, das seine Frau in ihrem Testament noch einmal reichlich beschenkt.

Zunächst zieht Vinzenz mit Portal und einem unbekannten Priester ins Land. Als sich die kleine Gesellschaft durch die Mitarbeit von Boudry und de la Saller ein wenig ausweitet, übernimmt Portal die Sträflingsbetreuung in Saint Lazare.

Vinzenz erinnert sich später:

Wir zogen zu dritt los, predigten von Dorf zu Dorf und hielten Missionen. Wenn wir fortgingen, gaben wir den Hausschlüssel beim Nachbarn ab oder baten diesen, nachts in unserem Haus zu schlafen. Ich hatte immer nur ein tausendmal abgewandeltes Thema für meine Predigten: die Gottesfurcht. Darin also bestand unsere Arbeit. Gott tat indessen, was er von Ewigkeiten her vorausgesehen hatte. Er gab unserer Arbeit einigen Segen.

Gute Geistliche sahen das, schlossen sich uns an und baten um Aufnahme. Du guter Herr! Wer hätte je gedacht, dass wir einmal so weit kämen, wie wir heute sind! Hätte mir das damals einer gesagt, dann hätte ich geglaubt, er wolle sich über mich lustig machen. Und doch ließ Gott es den Anfang dessen werden, was Sie heute sehen. Nun, meine Herren, meine Brüder, kann man das Menschenwerk nennen, woran nie jemand dachte? Weder ich noch der arme

Monsieur Portal dachten daran; nicht im Geringsten dachten wir daran und waren ja weit genug davon entfernt.

Die gesetzliche Anerkennung der Gesellschaft durch Ludwig XIII. verursachte in den Kreisen der Priesterschaft einen nicht geringen Aufruhr. Sämtliche Pariser Priester protestierten beim Parlament; die progressiven Ansichten des Vinzenz Depaul über die selbst aufgelegte Armut der Priester ging ihnen angesichts der Pfründengier gegen den Strich.

Im Jahr 1628 zählt die kleine Gemeinschaft der Volksmissionare bereits 25 Mitglieder. Vinzenz reicht um die päpstliche Anerkennung ein. Doch auch diesmal geht es nicht ohne Enttäuschungen.

Zu seiner Betrübnis muss er feststellen, dass auch Bérulle unter denen ist, die sich gegen die römische Anerkennung seiner Gesellschaft aussprechen. Neid? – Wie auch immer, schließlich bekommt Vinzenz dennoch grünes Licht aus der Ewigen Stadt, dank dem klugen du Boudry, der dort persönlich vorspricht.

Mit der Bulle *Salvatoris nostri* vom 12. Januar 1633 sanktioniert Papst Urban VIII. das Werk.

Inzwischen zappelt bereits erneut ein großer Fisch im Netz des Gründers: Es ist Noël Brulart, der Bruder des ehemaligen Kanzlers von Frankreich unter Heinrich IV. und Ludwig XIII., Marquis Nicolas de Sillery.

Er ist lange Zeit hindurch Frankreichs Botschafter in Spanien und beim Heiligen Stuhl gewesen. Doch dann wird er von Richelieu gestürzt. In der tiefsten Depression seines Lebens begegnet er Vinzenz Depaul. Dieser macht ihn aufmerksam auf die Tatsache, dass sein Leben auch ein anderes, lohnenderes Ziel haben könnte als die Karriere eines Diplomaten.

Dabei redet Vinzenz nicht viel. Er nimmt Brulart einfach in die Spitäler und Gefängnisse mit und weckt dessen soziales Interesse. So lange, bis sich der ehemalige Diplomat ganz der Sache Christi und der Ärmsten widmet. Seine unermesslichen Reichtümer samt prunkvollem Palast dienen fortan nur mehr dem großen Ziel: die Not des Proletariats seiner Zeit zu lindern. Brulart selber wird Priester und wohnt arm und einfach in der sogenannten Visitation.

„Die Armen von ihrer Armut, die Reichen von ihrem Egoismus ..."

Auch von Noël Brulart gilt, was Vinzenz bisher von einem jeden sagen konnte, der in seine Schule der sozialen Tat ging: dass er „das Unglück des Jahrhunderts fühlt".

IV. Vinzenz und die Frauen

Nein, von Pikanterie ist nichts zu berichten. Eher von einem merkwürdig modernen Aspekt im Leben des Vinzenz Depaul: von seiner Genialität, Emanzipation der Frau zu betreiben, ohne diesen Begriff freilich jemals gekannt oder gar in den Mund genommen zu haben. Emanzipation nicht in jenem törichten Sinne, der unter diesem Begriff die Angleichung der Frau an den Mann versteht, sondern dessen Bestreben, das sich auf die Befreiung der Frau von sozialen Zwängen und ihre Rückführung zu sich selbst richtet.

Bevor wir noch auf seine Glanzleistung auf diesem Gebiet in der Person der Louise von Marillac zu sprechen kommen, nehmen wir die lange Reihe jener Damen aufs Korn, in deren Leben er ebenfalls eine maßgebliche Rolle spielte.

Von Madame Gondi, seiner langjährigen Gastgeberin, haben wir schon gehört. Sie verkörperte in einem bis zum Exzess verstärkten Ausmaß jene Anhänglichkeit und Begeisterung, die die Frauen, mit denen Vinzenz zu tun hatte, ihm fast durchwegs entgegenbrachten. Von einer rein menschlichen Anziehungskraft Depauls indes kann kaum gesprochen werden. Vinzenz war nach den Bildern, die wir von ihm besitzen, alles andere als ein schöner Mann. Auf dem Bildnis, das in der Rue de Sèvres in Paris aufbewahrt wird und das laut Inschrift „zu Lebzeiten des heiligen Vinzenz" gemalt wurde, schaut er eher wie ein grobschlächtiger Bauer aus Südfrankreich und kaum wie ein Beau aus. Der runde Kopf, in eine gänseschnabelähnliche Nasen- und Mundpartie mündend, kann kaum als Kennzeichen eines Mannes aufgefasst werden, dem sich schwärmerische Damen an die Fersen heften.

Indes: Was diesem Donald-Duck-Gesicht die tiefe Prägnanz und Anziehungskraft verlieh, war die Güte, die es ausstrahlte. Auf ihr spiegelte sich die enorme Einfühlungskraft in fremde Schicksale, das Talent, den verborgenen Schlüssel verschrobener und versperrter Seelen zu finden und mit traumwandlerischer Sicherheit handhaben zu können.

Und dies war nicht nur bei Madame Gondi der Fall, deren Gefühle und Geld er schließlich der sozialen Tat zuzuführen und sie damit aus dem engen Milieu ihres aristokratischen Repräsentationsdaseins zu befreien verstanden hatte. Wo immer sich Not anzeigte, suchte man ihn, scharte man sich in die Reihen seiner Caritas-Damen ein.

Das Jahr 1634 ist ein besonderer Markstein in der Geschichte dieser Dames de la Charité. Es markiert die Gründung der Charité de l'Hôtel Dieu. Das Hôtel Dieu ist in dieser Zeit eines der wichtigsten Spitäler von Paris. Mehrere hundert Patienten werden dort gepflegt. Die hygienischen Zustände sind allerdings haarsträubend. So werden, durch den Bettenmangel bedingt, mehrere Patienten in einem einzigen Bett zusammengepfercht, die Verpflegung ist ungenügend, der Gestank unerträglich. Die geistliche Betreuung liegt in den Händen eines Priesters, des sogenannten Maître spirituel; die meisten von ihnen sind von der Spiritualität der Konferenzen freilich weit entfernt.

Dies lässt die Witwe des Präsidenten des Pariser Rechnungshofes, Madame Geneviève Goussault, nicht ruhen. Sie gehört zu jenen gläubigen Frauen der höheren Gesellschaft, die in all den Wirren des Jahrhunderts, in all den Streitigkeiten zwischen Protestanten und Katholiken ihren tiefen Glauben bewahrt haben und fern aller theologischen Überlegungen aus diesem Glauben heraus der Armut der Zeit abhelfen wollen.

Mag sein, dass manche unter ihnen von dem schlechten Gewissen angetrieben wurden, das ihnen die offenbare gesellschaftliche Ungerechtigkeit eingeimpft hatte; in der Tat war schon viel getan, wenn sie sich, aus welchen Motiven auch immer, zur sozialen Tat entschlossen. Zunächst versucht Madame Goussault die Compagnie du Saint-Sacrement für die Verhältnisse im Hôtel Dieu zu interessieren. Doch die Fülle der Aufgaben erfordert verstärkte Aktivitäten. So wendet sie sich schließlich auch an Vinzenz und bittet um die Gründung einer Confrérie im Spital. Sie selber besucht nach dem Tod ihres Mannes tagtäglich die Kranken, tröstet sie, versucht ihr Elend zu lindern. Vinzenz zögert, überlegt, ob er dieser neuen und verantwortungsvollen Aufgabe auch entsprechen kann.

Frau Goussault bewegt alles, um Vinzenz für ihre Zwecke zu gewinnen. Sie erreicht es endlich, dass der Erzbischof Gondi Vinzenz persönlich beauftragt, die hier zu gründende Confrérie zu leiten.

Anfang 1634 versammeln sich zum ersten Mal die Damen, die zusammen mit Madame du Goussault die Arbeit im Hôtel Dieu übernehmen sollen. Die Gründung erweist sich als ein Spitzenerfolg. Mehr als hundert Damen der High Society haben sich für die Mitarbeit bereiterklärt. Unter ihnen finden wir die feine Madame de Villesabin, Gattin des Geheimsekretärs der Königin-Mutter, ebenso wie die Frau des ersten Parlamentspräsidenten, Madame Tailleur, die Witwe des Schatzmeisters, Madame Zaintet, oder die spätere Gründerin der Töchter der göttlichen Vorsehung, Fräulein de Pollution. Nicht zu vergessen ist auch Madeleine Séguier, die Gattin des Kanzlers von Frankreich und Herzogs von Vollmer.

Es ist unmöglich, all die Frauen aufzuzählen, die sich aus gutem und bestem Haus in den Dienst der karitativen Aktion stellen. Man müsste noch Magazins Nichte Anna Maria Martinez erwähnen und Marie de Lamoignon, die Gattin des Gerichtspräsidenten, und vor allem Marie de Vignerod, de Pontcourlay, Herzogin d'Aiguillon, die Lieblingsnichte Richelieus. Ihr mäßigender, ausgleichender Einfluss auf den kühlen Kardinal ist ebenso geschichtskundig wie ihre Rolle in der Entwicklung der Charité. Sie stellt nicht nur ihren großen Reichtum zur Verfügung, sondern ergreift auch selbst karitative Initiativen. Sie gründet in La Rose ein Missionshaus, finanziert den Kauf eines Hauses in Rom und ermöglicht die Fertigstellung des vom Galeerengeneral Gondi begonnenen Spitalneubaues für die Sträflinge in Marseille. Daneben lässt sie ein dem Spital zugeordnetes Missionshaus errichten.

Die Armen von ihrer Armut, die Reichen von ihrem Egoismus ...

Wobei ausdrücklich vermerkt werden soll, dass die Mädchen und Frauen, die sich für das Werk Vinzenz' engagierten, keineswegs Mauerblümchen, übriggebliebene oder gar verschrobene Betschwestern waren. Vielmehr gehörten sie sowohl alters- wie gesellschaftsmäßig zur vitalsten, reichsten und kulturell höchststehenden Schichte des Landes. Wie Hans Kühner schreibt: „Es waren umworbene, durch Schönheit, Geist und Reichtum ausgezeichnete Persönlichkeiten, die den Glanz des Hofes mit ihrer Gegenwart erhöhten, bis die Gnade in Gestalt und Stimme des Apostels von Saint-Lazare sie erkennen ließ, dass der Hof nicht die Welt, Frankreich ein Trauerspiel und

Gott etwas anderes war als nur ein Vorwand für die Pracht barocker Kirchenfürsten."

Mit Freude und kaum verhohlenem Stolz berichtet de Boudry über die Tätigkeit der Pariser Charité nach Rom: „Wir haben sie in mehreren Pfarreien der Stadt errichtet – erst neuerdings eine, die aus hundert bis hundertzwanzig Damen der ersten Gesellschaft besteht. Sie besuchen und helfen täglich, vier zu vier, acht bis neunhundert Kranke mit Gefrorenem, Kraftbrühen, Bouillon, Konfitüre und außer ihrer gewöhnlichen von Hause gelieferten Nahrung, allen Arten von Süßigkeiten."

In der schier unendlichen Reihe der Frauen, die sich auf den Ruf von Vinzenz der Arbeit unter dem Proletariat seiner Heimat gewidmet oder bei dieser Arbeit um Rat und Hilfe an ihn gewandt hatten, darf auch die große Gründerin der Visitation und Mitarbeiterin Franz' von Sales, Jeanne de Chantal, nicht fehlen. Mit ihr kam Vinzenz auf Empfehlung Franz' von Sales in Verbindung.

Der Bischof von Genf, der Vinzenz überaus hoch schätzte, nahm immer wieder regen Anteil an dessen Arbeit. Als Jeanne de Chantal für ihre Pariser Gründung im Jahr 1622 einen priesterlichen Vorsteher suchte, schlug sie dem Erzbischof von Paris Vinzenz vor. Sein Leben lang kam Vinzenz nicht mehr von seiner Aufgabe als Visitator und Superior der Visitantinnen los.

Noch dreimal, in den Jahren 1628, 1635 und im Jahr ihres Todes, 1641, traf sich Vinzenz mit Jeanne de Chantal. „Nie kann ich Ihnen demütig und liebevoll genug für alle Beweise Ihrer Güte ohnegleichen danken, die Sie ununterbrochen unseren Missionaren und uns gegenüber üben. Ich bitte unseren Herrn, dass Er selber diese Pflicht für immer erfülle, meine teure Mutter, dass Er Ihr Lohn sei. Sie geben ihnen Möbel, meine teure

Mutter. Möge es Gottes Güte gefallen, sich selbst zum kostbaren Hausrat und Schmuck Ihrer Seele zu machen, dass sie am Himmel wie auf Erden einer Sonne gleich strahle." – So schrieb er an sie in einem Brief von 1639.

So sehr Vinzenz erfreut und unendlich dankbar für die Fülle der göttlichen Gnade war, die ihm durch das Wachstum und die Erfolge der Confréries geschenkt wurde, spürte er mehr und mehr das Fehlen der immer dringender werdenden organisatorischen Zusammenfassung der im ganzen Land entstehenden und arbeitenden Gruppen. Bei aller Freiheit des Christenmenschen, die er vollauf respektierte, konnte der Zustand, dass zwischen den völlig autonom arbeitenden Charités als Bindeglied lediglich seine Person fungierte, nicht aufrechterhalten werden. Für kurze Zeit befasst er sich daher mit dem Gedanken, in Paris unter dem Vorsitz der Königin eine Art Caritas-Zentrale einzurichten. Doch: aus dem Plan wurde nichts. Andererseits überstieg die Aufgabe, Neugründungen ins Leben zu rufen, die diversen im ganzen Lande verstreuten Gruppen zu überblicken und die damit auftauchenden Probleme im Einzelnen zu behandeln, weit seine physischen Möglichkeiten, zumal das alles eine Unzahl von zeitraubenden Reisen, Vorsprachen, Zusammenkünften und Weiteres mehr erfordert hätte.

Da schickte ihm die Vorsehung Louise von Marillac. Die Marillacs stammten aus der Umgebung von Mauriac in der Auvergne. Sie gehörten, dank der vitalen und klugen Familienpolitik eines Wilhelm von Marillac, seit dem 15. Jahrhundert zu den führenden Familien Frankreichs. Wie viele Kinder Wilhelm senior in die Welt setzte, kann bis heute nicht mit Gewissheit gesagt werden; es waren deren mindestens zehn.

Zwei davon wurden ziemlich berühmt. Der eine, Karl, war Diplomat und Gesandter in Konstantinopel, England und Holland. Der andere, Wilhelm (Wilhelm II. genannt), Schatzmeister des Königs, Präsident des Münzhofes und Generalkontrolleur der staatlichen Finanzen.

Aus der ersten Ehe Wilhelms mit Renée Alligret entstammte der Vater Louise von Marillacs, Ludwig von Marillac, Mitbesitzer von Ferrièresen-Brie und später von Farinvilliers. Er stand während seines kurzen Lebens – er verstarb bereits achtundvierzigjährig – immer im Schatten seiner Brüder und seiner Schwester Valence, die es allesamt zu höheren Ehren und Rängen brachten als er. Immerhin bekleidete er den Rang eines Hauptmannes der Leibwache des Königshauses. Besondere Ereignisse, die mit seinem Namen verknüpft wären, hat die Geschichte indes nicht verzeichnet.

Selbst Louise, seine Tochter und spätere Heilige, verdanken wir einem Fehltritt, über den er sich nie näher geäußert hat. Bis heute weiß niemand, wer Louises Mutter war. Laut einer Hypothese ihres Biografen Jean Calvet dürfte es eine Bedienstete des Hauses Marillac gewesen sein, mit der sich Ludwig von Marillac recht unstandesgemäß eingelassen hatte. O felix culpa, o glückliche Schuld, könnte man freilich sagen, angesichts dessen, was aus diesem unehelichen Kind des Hauses Marillac schließlich geworden ist.

Calvet stützt seine Hypothese auf die Tatsache, dass Louise, ein zartgebautes, für allerart Krankheiten überaus anfälliges Geschöpf, nach ihrer Kindheit, in der sie ein auffälliges Talent für Fremdsprachen, Malerei und Musik und ein feines Sensorium für die Fragen des Glaubens entwickelte, bei einer unbenannten „armen Demoiselle" Unterkunft findet, die von Ludwig von Marillac unterstützt wird. War es die Mutter Louises? Wie auch immer, die illegitime Herkunft belastete ihre Jugend ziemlich schwer.

Am 12. August 1591 geboren, heiratete die kaum 22-Jährige den Sekretär Maria Medicis, Anton Le Gras. Die Le Gras stammten ebenfalls aus der Auvergne und hießen zunächst nur Gras. Das adelige „Le“ klebten Sie ihrem Familiennamen erst hinzu, als sie nach Paris kamen.

Bei ihrer Hochzeit mit Anton Le Gras muss Louise wieder einmal den schmerzlichen Hinweis auf ihre uneheliche Herkunft vernehmen: Sie wird im Ehedokument, wie auch bisher, nur als „Loyse von Marillac, natürliche Tochter des Loys von Marillac“ bezeichnet. Doch nach der Trauung in der St.-Gervais-Kirche wird der Name Marillac nunmehr von Le Gras verdeckt. Louise heißt jetzt immerhin Mademoiselle Le Gras; der Ehrentitel Madame gebührt nur höheren Damen der Gesellschaft.

Vom weiteren Lebenslauf Louises berichtet Marcelle Auclaire: „Aus dieser Ehe hatte sie einen Sohn, Michel, der ihre ganze Freude und ihr ganzer Kummer war. Sie konnte sich nur schwer darüber hinwegtrösten, dass sie auf den Eintritt ins Kloster der Ursulinen hatte verzichten müssen: Sie war zum Klosterleben berufen, doch damals gehorchten die Töchter den Weisungen des Vaters. Sie bemüht sich, in der Ehe ebenso fromm wie im Kloster zu leben. Ihr Beichtvater, Mgr. Camus, einer der großen Geister aus dem Hause der Salesianer, vertraute sie Herrn Vinzenz an. Ihr Gatte starb bald darauf, und Frau Le Gras bezog Wohnung im Schatten der Kirche von Saint-Nicolas-du-Chardonnet, in der Nähe des Kollegs der Guten Kinder. Wie Frau von Gondi suchte auch sie bei Herrn Vinzenz ein Atemholen, ihr Gleichgewicht, ihr Leben. Sehr rasch zeigte er ihr, dass sie dieses freie Atemholen, dieses Gleichgewicht, dieses Leben durch die Hingabe an die Armen finden würde."

Tatsächlich steht Louise nach dem Tod ihres Mannes am Rande eines Nervenzusammenbruches. Ihr unausgeglichenes Innenleben reißt sie zwischen religiösen Skrupeln und Momenten der Glaubenslosigkeit und der Verzweiflung hin und her.

Vinzenz, dessen Menschenkenntnis und erstaunliches psychologisches Können noch zu illustrieren sein wird, verordnet ihr eine regelrechte Arbeitstherapie, zumal Louise „etwas tun" möchte, um von ihren Depressionen loszukommen. Sie soll eine Art Generalinspektorin der Confréries werden, jenes reisende Bindeglied, das Vinzenz für seine Töchter aus Zeitmangel nicht sein kann.

Durch Exerzitien will sich Louise auf diese Aufgabe vorbereiten. Vinzenz ist begeistert. „Jawohl, mit einem Wort, gnädige Frau, ich bin ganz einverstanden. Warum auch nicht, da unser Herr Ihnen dieses heilige Gefühl gegeben hat? Kommunizieren Sie also morgen und bereiten Sie sich auf die heilsame Prüfung vor, die Sie sich vornehmen! Danach beginnen Sie mit den heiligen Exerzitien, die Sie sich auferlegt haben. Ich kann Ihnen gar nicht sagen, wie heiß mein Herz wünscht, das Ihre zu sehen, um zu erfahren, wie sich das in ihm abgespielt hat, aber ich will gern verzichten aus Liebe zu Gott, mit dem allein ihr Herz beschäftigt sein soll, wie ich wünsche."

Mit unendlich taktvoller Einfühlsamkeit tröstet er sie: „Seien Sie bloß nicht der Ansicht, wegen der kleinen Revolten, die Sie in sich verspüren, sei alles verloren. Es hat eben sehr stark geregnet, und es donnert noch entsetzlich; ist das Wetter deshalb weniger schön? Auch wenn die Tränen der Traurigkeit Ihr Herz überschwemmen und die Dämonen donnern und grollen, soviel sie wollen, können Sie gewiss sein, meine liebe Tochter, dass Sie deshalb unserem Herrn nicht weniger teuer sind. So leben Sie denn zufrieden in seiner Liebe ..."

Im Jahre 1629 macht sich Louise, nachdem sie vorher in einigen Pariser Pfarreien die Caritasbruderschaften eingeführt hat, zum ersten Mal auf ihre Inspektionsreise in die Provinz. In der Postkutsche ist sie auf den holprigen Straßen des Landes in Sachen Jesus unterwegs.

Am Vorabend ihrer Abreise übersendet ihr Vinzenz einige Unterlagen für ihre Arbeit. „Ich übersende Ihnen die Briefe und das Memorandum, die Sie für Ihre Reise brauchen. So ziehen Sie denn aus im Namen unseres Herrn Jesus. Ich bitte ihn, er möge Sie mit seiner göttlichen Güte begleiten. Diese möge Ihre Erfrischung auf Ihrem Weg, Ihr Schatten gegen die Glut der Sonne, Ihr Mantel gegen Regen und Kälte, Ihr weiches Bett für Ihre Müdigkeit, Ihre Stärke bei Ihrer Arbeit sein und Sie schließlich ganz gesund und voller guter Werke heimreisen lassen. Kommunizieren Sie am Tage Ihrer Abreise, um die Liebe unseres Herrn zu ehren und die Reisen, die Er für eben diese Liebe und aus dieser Liebe heraus gemacht hat, die Mühsale, die Widersprüche, die Ärgernisse und die Anstrengungen, die Er hierbei ertragen hat, damit Er Ihre Reise segnen und Ihnen seinen Geist und die Gnade schenken möge, im gleichen Geist zu handeln und Ihre Mühsale in der Art und Weise zu ertragen, wie Er die seinen ertragen hat ..."

So fährt also Louise, von Gottvertrauen getragen, mit geistiger Nahrung versorgt, ins Land. Sie besucht die Gruppen, muntert sie auf, gibt Anregungen, hört die Probleme an, versucht geduldig eine Lösung zu finden, wirbt neue Mitglieder und sorgt sich auch sonst um alles, von der Monatskommunion der Damen bis hin zur Frage, ob das Fleisch für die Kranken auch genügend weich gekocht wurde ... Vinzenz muss tadeln: „Wenn Sie jetzt jeder Frau der Charité die Sorge abnehmen, das Fleisch kochen zu lassen, werden Sie das nie mehr wieder einführen können. Und lassen Sie es anderswo kochen, so wird dies vielleicht jemand augenblicklich aus Nächstenliebe übernehmen, aber das wird ihm in Kürze lästig werden. Und wenn Sie es gegen Bezahlung zubereiten lassen, so kostet das viel. Und dann werden die Damen der Charité in kurzer Zeit sagen, man solle das Essen den Kranken von der Frau, die es zubereitet, bringen lassen. Und so versagt dann Ihre Charité. Die Erfahrung zeigt uns, dass die Frauen hierin, vor allem bezüglich der Börse, keinesfalls von den Männern abhängen dürfen."

Neben ihrem beispielgebenden karitativen Dienst erteilt Louise den Mädchen am Ort auch Religionsunterricht. Aus diesem Versuch entstehen die sogenannten „kleinen Schulen", mit einem Lehrplan, der die Grundkenntnisse in Religion, Lesen und Schreiben vermitteln soll. Sie sollen von den Caritas-Bruderschaften überall dort eingerichtet werden, wo geeignete Lehrkräfte dazu zur Verfügung stehen. Diese zu finden bedeutete ebenso ein Problem wie die Tatsache, dass die hohen Damen der Gesellschaft in Paris alsbald einfache Mädchen als Gehilfinnen brauchten, da sie die einfachsten Arbeiten nicht gewohnt waren. Es lag eben nicht einer jeden, in die schmutzigen und stickigen Unterkünfte der Armen zu gehen, dort Arbeiten zu verrichten, die ihnen im Grunde widerstrebten, oder auch nur das Essen richtig vorzubereiten. Das war die andere Seite der

Sache mit den Damen der reichen Gesellschaft. Denn nicht eine jede konnte ihre „vornehme" Herkunft um Jesu Willen so weit überwinden, dass sie sogar die Füße der Armen gewaschen hätte.

Außerdem wütete oft genug die Pest, selbst Ärzte gingen mit Mänteln, die mit verschiedenen Säften präpariert wurden, herum, im Mund mit einer Knoblauchzehe, in den Ohren und in der Nase mit einer Prise Weihrauch gegen den Gestank gerüstet.

Da greift wieder die Vorsehung ein. Im Dorf Suresnes, in der Nähe von Paris, trifft Vinzenz auf die einfache Kuhhirtin Margarete Naseau, die sich selber das Lesen und Schreiben beigebracht hatte. Als sie von der Charité hört, kommt sie in die Hauptstadt, um sich ganz dem Dienst an den Kranken und Armen zu stellen. Sie stirbt bereits 29-jährig im Jahr 1633, nachdem sie von einem pestkranken obdachlosen Mädchen mit der tödlichen Epidemie angesteckt worden war.

Vinzenz wusste, dass seine Arbeit nur dann von Dauer sein würde, wenn es ihm gelang, seine Caritas-Organisation auf einen festen Boden zu stellen. Die freiwilligen Helferinnen hatten selber Familien, sie konnten sich kaum ständig der Betreuung der Armen und Kranken widmen, deshalb war die Gründung einer Gemeinschaft von Frauen, die sich ausschließlich dem Dienst für die Kranken und Armen widmeten, immer vordringlicher geworden.

Am 29. November 1633 unterstellt Vinzenz deshalb einige Mädchen der Leitung von Louise. Die kleine Gemeinschaft findet in ihrem Haus an der Kirche Saint-Nicholas Unterkunft. Aus dieser Gruppe einfacher Mädchen vom Lande entsteht die erste Gemeinschaft der Töchter der Caritas: der Kern jenes großen Baumes, den wir heute als die Orden der Vinzentinerinnen oder Barmherzigen Schwestern kennen.

Es war keine leichte Aufgabe in der damaligen Zeit, eine Gemeinschaft zu gründen, die nicht in einem klösterlichen Verband lebte. Ja, es bedeutete eigentlich eine Revolution! Doch Vinzenz wollte seine Schwestern (wie er seine Töchter am liebsten nannte) nicht hinter Klostermauern verstecken. Sie sollten vielmehr in die Welt, auf das Schlachtfeld der Nächstenliebe, ziehen. Daher wollte er, dass sie „Filles de paroisses, rien de plus", „Pfarrschwestern und nichts anderes" sein sollten.

„Ihr habt als Kloster die Häuser der Kranken, als Zelle eine Mietkammer, als Kapelle die Pfarrkirche, als Kreuzgang die Straßen der Stadt, als Klausur den Gehorsam, als Gitter die Gottesfurcht, als Schleier die heilige Bescheidenheit!" – rief er ihnen zu.

Deshalb schrieb er ihnen auch keine Ordenskleider vor: Die Vinzenz-Schwestern trugen das einfache Kleid ihrer Umgebung. Sie arbeiteten von früh bis spät, eine Elitegruppe christlich-sozialen Kampfes gegen das Elend.

Vinzenz sprach von dem Proletariat, zu dem sie gesandt wurden, nur als von „unseren Herren und Meistern".

Und ein weiterer seiner klassischen Aussprüche lautete: „Wenn ihr zur Stunde eures Morgengebetes einem Kranken Medizin bringen müsst, so seid ganz beruhigt, Ihr lasst dann Gott um Gottes willen." Denn: „Wenn Ihr einen Kranken zehnmal am Tage besucht, so begegnet Ihr zehnmal Gott."

Im Jahr 1646 wurde die „Caritasbruderschaft der Dienerinnen Armer und Kranker in den Pfarreien", wie ihr Name nun lautete, vom Pariser Erzbischof genehmigt. Vinzenz jubelte.

Seinen neuen Mitarbeiterinnen aber, die allesamt aus dem Milieu stammten, aus dem er selber kam, rief er zu, sie würden allesamt „große Königinnen im Himmel werden“. Welch ein Abstand zwischen den Jugendvorstellungen und dem reifen Glauben dieses Vinzenz Depaul, dem einst die fette Pfründe und die Nähe irdischer Könige, mit einem Wort die Karriere im gutbürgerlichen Sinne, so viel bedeutet hatten!

Die Liebe, Aufmerksamkeit und sorgende Güte, mit der Vinzenz das Leben und Wirken seiner Schwestern begleitete, illustriert nicht nur die Tatsache, dass er sie alle beim Vornamen kannte und nannte, sondern auch der Umstand, dass er sich persönlich um ihr leibliches und seelisches Wohl kümmerte.

Und es gab in der Tat prächtige Heldinnen der Nächstenliebe unter ihnen. Da war etwa Barbara Angiboust, die die Findelkinder, wenn gerade keine Wiege frei war, die ganze Nacht hindurch in ihren Armen hielt, da sie in einem jeden Kind das Jesuskind sah; die die Lästerungen der Galeerensklaven mit Schweigen überging und sich nicht scheute, sich zwischen die Streitenden zu werfen, wenn es notwendig wurde.

Da gab es eine Jeanne Dalmagne, die es nicht zuwege brachte, einem durchziehenden Bettler ein trockenes Brot zu geben: „Das werde ich selber essen, Gott darf man nur gute Dinge anbieten“; und anderes mehr.

Freilich kennen wir nicht nur solche Beispiele: Es gab auch Zwist zwischen den Schwestern, und manche verließen die Gemeinschaft. Doch all diese Menschlichkeiten, in denen manche (hauptsächlich ungläubige) Kritiker gerne schwelgen, können das große historische Verdienst dieser vinzentinischen „Operation Nächstenliebe“ nicht im Geringsten schmälern. In jeder Schlacht gibt es Verwundete, Tote und auch Fahnenflüchtige.

Ein gutes halbes Jahr nach der Gründung zählte die Gemeinschaft zwölf Mitglieder. Beim Tod von Vinzenz gab es bereits fünfzig Niederlassungen. Und heute beugen sich Tausende von Barmherzigen Schwestern in allen fünf Kontinenten über zahllose Krankenbetten.

Sie arbeiten für die Menschheit seit rund drei Jahrhunderten auf der Grundlage jener Regel, die ihnen Vinzenz nach viel Gebet, Nachdenken und inneren Kämpfen erstellt hatte. Als im Jahr 1652 die ersten drei Barmherzigen Schwestern von der polnischen Königin ins Land gerufen wurden und die Grenzen ihrer Heimat überschritten, gingen sie bereits nach Hause. Denn Louise-Maria Gonzaga, die Königin von Polen, war selbst einst Dame de la Charité in Paris.

V. Von der ersten zur zweiten Reformation: Was soll's mit den Pfaffen?

Selbst im Abstand von einem halben Jahrtausend sind wir noch immer versucht – im Banne einer tief eingefleischten, von gegenseitigen Ressentiments geprägten historischen Betrachtungsweise –, die Gestalten der Reformation und der darauf folgenden katholischen Erneuerung als grundsätzlich verschieden motivierte Menschen zu betrachten, als Gegner, die anstatt miteinander, gegeneinander etwas auszufechten hatten. In einem aus allzu engem Blickwinkel entworfenen Gemälde der Zeit erscheinen sie jeweils nach der eigenen Position als Schafe und Böcke, die man in der Manier eines Letzten Gerichtes à la Michelangelo schön sauber rechts und links reiht, um sie nach dem Schema von Ursache und Wirkung mehr oder weniger gegeneinander auszuspielen. Hier ein Luther, Kalvin, Zwingli oder auch Münzer, ja Hus, Wiclyff und andere mehr; dort Ignatius von Loyola, Filippo Neri, Karl Borromäus oder auch Vinzenz.

Man übersieht dabei geflissentlich, dass diese Sicht falsch ist. Denn zwischen Reformation und sogenannter „Gegenreformation" wird, wenn man nur den Pulverdampf der gegenseitigen Emotionen wegbläst, eine tiefe Wesensverwandtschaft sichtbar, die das noch immer gängige Klischee von Ursache und Wirkung aufhebt.

Reformation und sogenannte „Gegenreformation" (oder auch katholische Erneuerung) präsentieren sich dann trotz doktrinärer Unterschiede nur als zweierlei Arten der Reaktion auf die eine Ursache: auf die tiefe Korruption innerhalb des Christentums, auf die schändliche Perversion dessen, was Jesus wirklich wollte. Betrachtet man das Gemälde der Epoche in diesem weitgesteckten Rahmen, dann hebt sich der vermeintliche Gegensatz auf, und es entwickelt sich vor dem Auge des Betrachters ein im Wesen einheitlicher Vorgang, in dem Namen wie Luther, Zwingli, Calvin oder auch Loyola, Neri und Depaul nur für zwei Etappen eines im Grunde einheitlichen Bestrebens nach der Erneuerung der Kirche stehen. Sieht man aber in den Repräsentanten der beiden Gruppierungen lediglich Akteure des einen Willens, die Kirche wieder auf den Weg zurückzuführen, den der Gründer ihr vorgezeichnet hat, dann kann man mit Fug und Recht von einer ersten und zweiten Reformation sprechen, als zwei verschiedene Etappen der Verwirklichung dieses Willens.

Was unterscheidet die Akteure der ersten Reformation von denen der zweiten? Was unterscheidet Menschen wie Luther und Calvin von anderen Christen wie etwa Vinzenz?

Man kann es so formulieren: Während die Gestalten der ersten Reformation eher aus einer tiefen Enttäuschung heraus und unter der unmittelbaren Einwirkung aufgestauter Gefühle des Zorns, Grolls, ja Hasses handeln, wird das Tun und Leiden von Vinzenz und seinen Freunden eher von der Attitüde eines konstruktiven Optimismus geleitet, der an das Gute in der Kirche glaubt und mit einer grenzenlos geduldigen Liebe an das Werk der Erneuerung herangeht.

Während den Ersteren die undankbare, ja tragische Rolle zufällt, den Eiterbeutel horrender Missstände aufzuschneiden und den Bannfluch des wider seinen Willen angegriffenen

Kranken über sich ergehen zu lassen, können die Männer und Frauen der zweiten Reformation den Prozess der Heilung einleiten. Man kann denselben historischen Prozess aber auch im symbolträchtigen Bild der unterschiedlichen Reaktionen zweier Brüder auf die Missstände im gemeinsamen Vaterhaus betrachten.

In der Diagnose des argen Zustandes der Familie sind sich zornige wie milde Reformatoren einig. Doch während die einen das verfluchte und ihre lauteren Absichten missdeutende Vaterhaus verlassen, um eine eigene Niederlassung zu gründen, bleiben die anderen zu Hause und versuchen, das schwere Werk der inneren Erneuerung einzuleiten, um das Vaterhaus für alle Christenbrüder wieder attraktiv zu machen. So erheben sich neben der düsteren Größe der tragikumwobenen Gestalten der ersten Reformation die hellen Gestalten der Erneuerung.

Es ist dies eine ganze Reihe von Frauen und Männern der Epoche, vom humorvollen Filippo Neri bis zur mystisch-tiefen Teresa von Ávila oder Johannes vom Kreuz, von Angela Merici (Gründerin der Ursulinen) bis Karl Borromäus, Kamillus von Lellis, Johanna von Chantal, Bérulle oder Franz von Sales; von dem großen Strategen der „militia christi", Ignatius von Loyola, Franz Xavier und anderen bis zu, ja eben, bis zu Vinzenz.

Die Wege mancher dieser Gestalten kreuzten sich, es entwickelten sich Freundschaften, aus denen kraft des gemeinsamen Glaubens und des Engagements für die Sache Jesu fruchtbringende und nachhaltige Initiativen für die ganze Menschheit entsprangen.

Eines der schönsten Kapitel in der Geschichte dieser Freundschaften ist die Beziehung zwischen Vinzenz und dem großen

Bischof von Genf, Franz von Sales. Vinzenz lernte ihn in Paris kennen. Franz von Sales hielt sich im Winter 1618 dort auf, wo seine Predigten einen enormen Zulauf fanden. Er war als Kanzelredner berühmt, obwohl (oder gerade weil) er sehr einfach redete. Man wusste, dass hinter seinen Worten verstehende Güte und die Goldwährung des eigenen vorbildhaften Lebens standen.

Bereits sein äußeres Erscheinungsbild stach vom Erscheinungsbild der Bischöfe seiner Zeit ab. Er verachtete jeglichen Pomp und überflüssigen Prunk. Bereits in der Studentenzeit führte er ein so seriöses Leben, dass er deswegen öfters gehänselt wurde. Doch das tat dem innerlich stets fröhlichen und ausgeglichenen Mann nichts an. Trotz dieses Ernstes blieb er immer ein volksnaher und freudiger Mensch, dessen Tisch so manchen Gast zu verwöhnen und zu erheitern verstand.

Vinzenz hatte mit Franz von Sales während dessen Pariser Aufenthalt eine herzliche Aussprache. Der Bischof aus Genf dürfte dabei einen bleibenden Eindruck auf Vinzenz gemacht haben, denn es entwickelte sich eine Freundschaft zwischen den beiden, die weit über das Grab hinausreichte. Beim Seligsprechungsprozess bekannte Vinzenz, dass ihn die Bekanntschaft mit dem Bischof von Genf zum Ausspruch veranlasst habe: „Wie gut bist Du, mein Gott, wo doch Dein Geschöpf, Monseigneur François de Sales, so gut ist!"

Die Lebensweise und die Wirkung des Bischofs von Genf machten auf Vinzenz deshalb einen so nachhaltigen Eindruck, weil Franz von Sales die Verwirklichung jenes Ideals von Priestertum darstellte, das Vinzenz inmitten einer Umwelt von korrupten Gottesdienern an sich und auch an anderen Mitbrüdern zu verwirklichen suchte. Denn die geistig-seelische Misere des zeitgenössischen Christentums wurzelte in jenem vielgeschmähten, besungenen und beschriebenen Zustand der Priesterschaft, von der der fränkische Hirt und Laienprediger Hans Böhm, auch der Pauker von Niklashausen genannt, am Ende des 15. Jahrhunderts bemerkte: „Die Geistlichen haben viele Pfründen, das soll nicht sein. Sie sollen nicht mehr haben, als von Mal zu Mal. Sie werden erschlagen, und in Kürze wird es dazu kommen, dass der Priester sein kahles Haupt mit der Hand bedecken möchte, damit man ihn nicht erkennt." Und der Prophet aus Stolberg grollte über die „beelzebubischen Knechte, Bösewichter", an ihrer Spitze mit dem „allerverstocktesten Papst und Brunztopf zu Rom": „Ach, Zeter, Zeter, weh, weh, weh über die höllischen und dämonbesessenen Pfaffen, die das Volk offenbar verführen!"

Vinzenz wollte niemanden erschlagen, er schrie auch kein Zeter und Mordio, sondern schritt mit bäuerlicher Zähigkeit und starkem Glauben schlicht zur Reform der Geistlichkeit. Wobei seine Kritik an den Zuständen der Priesterschaft an Häufigkeit und Deutlichkeit keineswegs hinter der Kritik eines Luther oder Münzer zurückblieb. Doch welch ein gewaltiger Unterschied im Ton und auch der inneren Beziehung zu dem leidigen Problem!

Während die Ersteren mit zornigem Hohn und Spott über die „Pfaffen" herziehen, hütet sich Vinzenz peinlich, den Richter über die „anderen" zu spielen, und redet nur, wenn er einmal über die schlechten Priester spricht, im demütigen Plural des „wir":

Meine Herren und Brüder, wie haben wir Gott hierum zu bitten, und welche Anstrengung haben wir auf uns zu nehmen, um der großen Not der Kirche willen, die vielerorts durch das schlechte Leben der Priester dem Ruin entgegengeht; denn sie sind es, welche die Kirche zugrunde richten und zerstören. Dass die Verdorbenheit des geistlichen Standes die vorwiegende Ursache des Ruins der Kirche Gottes darstellt, ist nur allzu wahr. Ich war dieser Tage zusammen mit sechs Prälaten auf einer Versammlung; sie machten sich Gedanken über die Auflösung der Ordnung, die wir in der Kirche erleben, und sprachen deutlich aus, dass die Geistlichen in erster Linie die Ursache seien.

Es sind also die Priester. Ja, wir selber sind die Ursache dieser die Kirche verwüstenden Verzweiflung, dieser jammervollen Minderung, die sie an so vielen Stellen erleidet.

Denken wir also an die Besserung des geistlichen Standes, denn die erbärmlichen Priester sind Ursache des ganzen Unglücks; sie sind es, die es auf die Kirche herabziehen. Und wir müssen Ihm sagen: Ja, Herr, wir haben Deinen Zorn hervorgerufen, unsere Sünden haben diese Not veranlasst, ja, es sind die Kleriker und alle, die sich um den geistlichen Stand bewerben. Und doch, Herr, was können wir im Augenblick anderes tun, als niedergeschlagen vor Dir den Vorsatz zu fassen, unser Leben zu ändern? Ja, Herr, wir wollen alles uns Mögliche dazu beitragen, für unsere vergangenen Fehler Genüge zu leisten und dem geistlichen Stande eine bessere Ordnung zu geben. Deshalb sind wir hier versammelt und erbitten Deine Gnade. Was sollen wir tun? Wir sind es, denen Gott die große Gnade anvertraut hat, zur Herberge des geistlichen Standes beizutragen. Gott hat sich hierfür nicht an die Gelehrten, nicht an die vielen heiligen, wissenschaftlich hervorragenden Gemeinschaften und Orden gewandt, sondern an uns geringe, arme, elende Gesellschaft, die letzte und unwürdigste von allen. Was hat Gott an uns gefunden für ein so großes Amt? Welche Heldentaten haben wir aufzu-

weisen? Wo ist die ruhmreiche, glanzvolle Tätigkeit, die wir entfaltet hätten? Wo die überragende Fähigkeit? Nichts von alledem ist da. An arme, elende Idioten hat Gott sich aus Seinem reinen Willen heraus gewandt, um noch einmal zu versuchen, die Breschen im Reiche Seines Sohnes und im geistlichen Stande auszubessern. Meine Herren, bewahren wir vor allem diese Gnade, mit der Gott uns vor so vielen gelehrten und heiligen Persönlichkeiten bevorzugt hat, die sie besser als wir verdient haben. Denn wenn wir sie in unserer Nachlässigkeit ungenutzt ließen, würde Gott sie uns nehmen und anderen geben, um uns für unsere Treulosigkeit zu bestrafen.

Wer von uns wird es sein? Wer wird Ursache eines so großen Unheils sein und die Kirche eines so hohen Gastes berauben? Werde nicht gerade ich Elender es sein? Dass doch jeder von uns die Hand auf sein Gewissen lege und von sich selber sage: – Sollte etwa ich der Unselige sein? – Es genügt ein Unglückseliger wie ich, der einem ganzen Hause durch seine Abscheulichkeiten die Gunsterweise des Himmels wegnimmt und den Fluch Gottes herabfallen lässt. Herr, der Du mich mit erdrückenden Sünden bedeckt und erfüllt siehst – entziehe dieser kleinen Gesellschaft deshalb nicht Deine Gnaden.

Glauben Sie mir, meine Herren und Brüder, es ist ein unfehlbarer Grundsatz Jesu Christi, den ich Ihnen oft genannt habe: Erst wenn das Herz leer ist von sich selber, dann füllt es Gott, der darin lebt und handelt. Es ist das Verlangen nach Zerknirschung, das uns von uns selber leert – die Demut ist es, die heilige Demut. Erst dann werden es nicht mehr wir selber sein, die handeln, sondern Gott in uns – und alles wird gut gehen.

Wenn es noch eines Beweises bedarf, welche innere Verwandtschaft zwischen den Reformatoren des 15. und 16. Jahrhunderts und denen des 17. Jahrhunderts trotz aller Unterschiede bestand, dann sei dafür hier ihre Einstellung zum Gottesdienst genannt. „Mir scheint, es gab nichts Hässlicheres auf der Welt“ – erinnert sich Vinzenz in seinen späteren Jahren an die Art, wie die meisten Priester ihren Gottesdienst hielten –, „man hätte wahrhaftig darüber weinen können.“

War nicht auch die vorrangige Bestrebung Münzers und Luthers mit der „Deutschen Messe“ und mit der Reform der Liturgie im Allgemeinen, den Menschen näher zu Gott zu bringen, das Unverständliche am Geschehen zu „entgröbern“ (Münzer) und dem Unfug liederlicher Priester, die aus dem allerheiligsten „Hoc- est-enim-corpus-meum“ ein sakrilegisches „Hokuspokus“ gemacht hatten, einen Riegel vorzuschieben?

In diesem Zusammenhang schreibt der katholische Reformationshistoriker Erwin Iserloh über Münzer, indem er ihn mit dem Augsburger Reformator vergleicht: „An Sprachgewalt erreicht er Martin Luther. Er übertrifft ihn aber an Treue gegenüber der liturgischen Tradition und an Verständnis für die religiöse Not des einfachen Volkes. Aus dieser betont seelsorglichen Haltung heraus nimmt der ‚Schwärmer‘ Münzer, ähnlich wie Karlstadt, den äußeren Gottesdienst sehr viel ernster als Luther.“

Vinzenz wusste freilich genau, welcher großen Anstrengung es bedarf, den tristen Zustand des Klerus zu ändern und eine neue Priestergeneration voll tiefer Spiritualität heranzubilden: „Großes Wort: Hebung der Geistlichkeit!“ – sagte er einmal – „Wer kann die Weite dieses Amtes begreifen? Es ist das Höchste, was es gibt. Ist in der Welt etwas Größeres denkbar als der Priesterstand? Nicht Fürstentümer, nicht Königreiche sind ihm vergleichbar. Kein König vermag, wie der Priester, Brot in den Leib unseres Herrn zu verwandeln und Sünden nachzulassen. Wir sind von Gott aufgerufen, an einem Meisterwerk zu arbeiten, denn es ist ein Meisterwerk, in dieser Welt gute Priester heranzubilden. Danach kann man sich nichts Größeres, Wesentlicheres mehr vorstellen!"

Im Frankreich des beginnenden 17. Jahrhunderts fanden verschiedene Versuche statt, den Standard des Klerus zu heben. Sie führten schließlich, als wirksamste Einrichtung auf diesem Gebiet, zum Oratorium Bérulles.

Vinzenz selbst begann mit seiner Erneuerungsarbeit im Jahr 1628. Mit Einvernehmen des Bischofs von Beauvais hielt er für die Weihekandidaten zweiwöchige Exerzitien. Er wusste aus eigener Erfahrung nur zu gut, mit welchen falschen, ja abwegigen Vorstellungen er sich selber dem Priestertum genähert, wie wenig er selber sich darauf vorbereitet hatte; nicht umsonst schwieg er sich später über seine eigene Priesterweihe beschämt aus. Fortan schreibt der Erzbischof de Gondi diese Weihe-Exerzitien für die Priesterkandidaten seines Bereichs verpflichtend vor. Die anfänglichen Schwierigkeiten, im Kollegium der „Guten Kinder" ein Priesterseminar einzurichten, weichen einer bereits gefestigten systematischen Erziehung der jungen Studenten. Richelieu beobachtet die Anstrengungen Vinzenz' mit Interesse, er lässt sich seine Pläne persönlich erläutern. Beeindruckt von deren Bedeutung, spendet er spontan tausend Taler, um Vinzenz im „Kollegium der Guten Kinder" die Errichtung einer Priesterbildungsstätte zu ermöglichen. Daneben gründet Vinzenz in Saint-Lazare auch das „Séminaire Saint-Charles", das „kleine Seminar", zwecks Erweckung von Priesterberufen unter den Schülern.

Seit 1633 gibt es in Saint-Lazare überdies die jährlichen kostenlosen Exerzitien auch für die in der Pfarreiarbeit stehenden

Priester. Sie erfreuen sich alsbald wachsender Popularität über die Reihen des Klerus hinaus. Es finden sich immer mehr Gläubige aller Gesellschaftsschichten ein, um die Botschaft Christi neu durchzudenken und daraus praktische Konsequenzen zu ziehen.

Um seiner Erneuerungsarbeit noch mehr Stoßkraft zu verleihen, führt Vinzenz die berühmt gewordenen Dienstagkonferenzen ein – eine Art jour fixe –, bei der sich die geistige Elite des Landes trifft. Sie erweisen sich als die hohe Schule vertieften Glaubens, und es ist ein unersetzlicher Verlust, dass diese Konferenzen, die meistens Vinzenz, aber auch andere geistig und glaubensmäßig hochstehende Priester und Laien abhielten, der Nachwelt nur äußerst fragmentarisch überliefert wurden. Offenbar schrieb niemand mit. Tonbandgeräte gab es noch keine. Hier, im Bannkreis der „Conferences“, entsteht ein neues „milieu devot“, dessen Strahlkraft immer größere Kreise des Klerus und der Gesellschaft erfasst.

Immer mehr Persönlichkeiten der Kirche Frankreichs stellen sich begeistert in den Dienst der Konferenzen. Unter ihnen finden wir Namen wie Jean-Jacques Olier, den Gründer der Gesellschaft von Saint-Sulpice, oder François Pallu, den Gründer der Missions étrangères, und nicht zuletzt den großen Kanzelredner Abbé Bossuet.

Nichts demonstriert die Wirksamkeit der Konferenzen besser als die Tatsache, dass aus ihren Reihen noch zu Lebzeiten Vinzenz’ nicht weniger als 22 Bischöfe hervorgingen. Die Konferenzen sind Hochöfen der inneren Vertiefung, in denen auch die besten Missionare für Stadt und Land herangebildet werden. Ihre Wirkung erweist sich als erstaunlich tiefgreifend.

Vinzenz beauftragt deshalb einige Missionare mit der Aufgabe, auch in anderen Städten des Landes Konferenzen einzurichten. Dass diese sich immer mehr zu einer Kaderschmiede des Klerus, vor allem auch der Hierarchie, entwickeln, bedeutet für Vinzenz eine große Bürde.

Es ist ein Werk der Vorsehung, dass sich Richelieu in dieser Zeit immer mehr an Vinzenz wendet, wenn er verwaiste Bischofstühle neu besetzen will. Somit eröffnet sich ihm die unmittelbare Möglichkeit, das Reformwerk nunmehr auch von „oben" voranzutreiben. Der Kreis seines Wirkens, mit dem er einst an der Basis unter den armen Bauern begann, beginnt sich zu schließen: Es ist wahrlich zu einem Reformwerk an „Haupt und Gliedern" geworden.

Und wieder einmal, wie so oft in der Geschichte, erweist sich die Richtigkeit der These, dass Erneuerung nur dort möglich ist, wo der Mensch gefordert wird, und nicht dort, wo man diese durch billige Konzessionen an den Zeitgeist herbeiführen möchte. Vinzenz fordert alle, auch die Priester und Priesterkandidaten. „Denn diese" – schreibt Kühner – „bekommen von ihm nie etwas anderes zu hören als die Forderung völliger Selbstverleugnung, um Jesu Christi und der Kirche willen." Olier und die Brüder Chandeniers lehnen die Bischofswürde wiederholt deshalb ab, weil sie in der Schule von Vinzenz die Würde und die Verantwortung eines Bischofs kennengelernt haben. Kein Wunder, dass sich viele Bischöfe an Vinzenz wenden, wenn sie innere Stärkung und Antwort auf ihre Probleme erhalten möchten.

Es wäre freilich eine naive und schrecklich eindimensionale Vorstellung, würde man meinen, dass die Erneuerungsbewegung Vinzenz', gleich einer fehlerlos funktionierenden Automatik, durchaus nur geistig hochstehende und brauchbare Christen produziert hätte.

Auch die Konferenzen waren den Anfechtungen des Bösen ausgeliefert, und es liest sich alles hinterher leichter, als es sich in der zermürbenden, von Rückschlägen, Anfeindungen und Zweifeln gespickten alltäglichen Wirklichkeit tatsächlich ereignet hatte.

So versuchten, je mehr sich die Konferenzen zu einer guten Empfehlung entwickelten, auch Unwürdige in den Kreis der Konferenzteilnehmer zu gelangen. So berührte es alle peinlich, als eines Tages auch der zukünftige Erzbischof von Paris, Paul de Gondi, bei den Konferenzen erschien. Denn man wusste allzu gut Bescheid über seinen flotten Lebenswandel und sein Bestreben, das Prestige der frommen Kreise für seine Karriere nutzbar zu machen. Hatte er doch auch sonst alles unternommen, um sich beim Pariser Klerus einzuschmeicheln. Zynisch schrieb er später in seinen Erinnerungen: „Ich spielte ein bisschen den Frommen und ging zu den Vorträgen nach Saint-Lazare. Ich wurde geordneter, wenigstens dem Anschein nach. Ich lebte sehr zurückgezogen und ließ meine Berufswahl nicht mehr problematisch erscheinen. Ich studierte viel und machte aus meiner Wohnung eine Akademie. Fromm war ich nicht, weil ich nicht versprechen konnte, dass ich es auch richtig mache; aber ich schätzte sehr die Frommen, und das ist ja in ihren Augen einer der wesentlichsten Punkte der Frömmigkeit. Sogar meine Vergnügungen glich ich meiner neuen Gepflogenheit an. Kurz, mein Lebensstil gelang mir so gut, dass ich wahrhaftig bei den Leuten meines Berufes Mode wurde und dass sogar die Frommen mit Monsieur Vincent, der dieses Wort des Evangeliums auf mich angewendet hatte, meinten, ich sei zwar nicht fromm genug, aber auch nicht weit vom Reiche Gottes entfernt."

Nun, der Mann, dessen Eitelkeit und Abscheu vor jeder Frömmigkeit sich mit der gleichen Haltung seines Gegenspielers Mazarin messen konnte, der aus seiner antisemitischen Haltung kein Hehl machte, der lieber im Parlament als in einer Kirche saß und dessen aus der Rocktasche ragenden Dolch die Parlamentarier ironisch als „das Brevier unseres Erzbischofs" bezeichneten, hinterließ der Nachwelt außer seinen Memoiren kaum etwas Nennenswertes. Dem Christentum gereichte er ohnehin nicht zum Ruhme. Was man von dem „frommen Vinzenz" und den Gestalten des „milieu devot" nicht sagen kann. Von ihnen gilt vielmehr, was der zeitgenössische Schriftsteller Bonnefons in seinem Buch mit dem bezeichnenden Titel *Le Chrétien charitable* schrieb: „Gefiele es doch Gott, dass alle, die Er zum geistlichen Stande berufen hat, es denen nachmachen, die in Paris arbeiten! Frankreichs Kultur würde dadurch gehoben!"

VI. In Offensive gegen die Dämonen der Zeit

Es ist nachgerade ein Wunder, dass das „grausame Jahrhundert", in dem Vinzenz lebte und dem er mit einer Schar gewaltloser Kämpfer vom Schlage des Mannes aus Nazaret den Kampf angesagt hatte, überhaupt fähig war, so viel geistiges Potenzial hervorzubringen, dass man es auch als das „Grand Siècle" bezeichnen kann.

Denn die köstlichen Stücke von Molière und all die Entdeckungen einer erwachenden Naturwissenschaft können nicht über die furchtbaren Verbrechen dieser Epoche hinwegtrösten.

Und sie hatten leider eine zutiefst religiöse Motivation. Wenn ein Doktor Wierus, vulgo Dr. Johann Weyer, eine Berühmtheit seiner Zeit, gläubig und gelehrt, ein Buch über die „Blendwerke der Dämonen" verfasst hatte und Bodin seine *Dämonomanie* schrieb, geschah das durchaus aus christlichem Verantwortungsgefühl, in dem sich Religion allerdings bereits zu einer Ideologie verformt hatte. So wurde dem Missbrauch Tür und Tor geöffnet.

Man verbrannte angeblich vom Teufel besessene Kinder und jagte Scharen von Frauen und Männern, ja selbst Priester, als Hexen und Ketzer in den grausamen Flammentod und fand für den Irrsinn abenteuerliche Erklärungen. Der Hexenrichter Pierre de Lancre beispielsweise bildete sich ein, dass die zahlreichen Teufel, die in China und Indien vor den christlichen Missionaren flüchten mussten, wie Heuschreckenschwärme nach Frankreich geflogen seien, um ihm und seinen „Mitarbeitern" einen regelrechten Henkerstress zu bescheren. Doch während man mit Feuereifer hinter dem Leibhaftigen her war und in allem und jedem seinen Schwefelgeruch zu entdecken glaubte, widmete man weit weniger Aufmerksamkeit den wahren Dämonen der Zeit, die da hießen: Armut, Krieg, Sklaverei, Hunger, Krankheiten und früher Tod. Das „milieu devot", die Compagnie du Saint-Sacrement und Vinzenz, mit einem Wort: die Besten der Kirche waren es, die diesen vernachlässigten Dämonen den Kampf angesagt haben!

Immer wieder muss dies betont werden, da es von Otto Corvin bis Karlheinz Deschner genügend Leute gibt, die in primitiver Schwarzweißmanier, Geschichte klitternd, an der Kirche nur lauter Makel zu entdecken vermögen. Indes: Die Geschichte malt nicht in Schwarzweiß, vielmehr ist sie ein überaus kompliziertes Geflecht von vielerlei Tendenzen und Gegentendenzen. Es wäre deshalb ebenso falsch zu sagen, die Christen hätten kein gerütteltes Maß von Schuld an den Verirrungen der damaligen Zeit auf sich geladen, wie, dass es keine Christen gegeben hätte, die sowohl dem leiblichen wie auch dem geistigen Elend den Kampf angesagt hätten. Von Vinzenz und seinen Freunden kann sogar mit Recht behauptet werden, dass sie die Fackelträger der Aufklärung, der Humanität und eines unverfälschten Christentums ihrer Epoche waren. Und ihre Arbeit hatte spürbare Folgen.

Das Hauptquartier für die Operation Nächstenliebe, in dem Vinzenz ab 1632 mit seinem Stab wohnte, war der riesige Komplex des ehemaligen Augustiner-Chorherren-Spitals Saint-Lazare und die dazugehörigen Liegenschaften im Norden von Paris. (Daher der Name des vinzentinischen Männerordens: die Lazaristen.) Von hier aus wurden die einzelnen Schlachten zur

Linderung der Not der Findelkinder, der Armen und Geisteskranken, der Galeerensträflinge, der Kriegsopfer, der verwahrlosten Jugend und der Sklaverei in Afrika geführt. Von hier strömte der Geist christlicher Aufklärung und Glaubensvertiefung in die Nervenbahnen der Welt hinaus.

Da waren etwa die Findelkinder. Die Stadtverwaltung von Paris ließ sie unverfroren in einem dafür eingerichteten Haus darben, sie lebten in unbeschreiblichem Schmutz und Elend. Man fand kaum entsprechende Pflegemütter, und so kam es sogar dazu, dass die bedauernswerten Kleinen von Bettlern adoptiert wurden, die ihnen die Hände brachen, um damit auf der Straße Mitleid erwecken zu können. Vinzenz griff ein.

Zunächst waren es nur zwölf Kinder, die er der Obhut seiner Barmherzigen Schwestern anvertraut hatte. Dann aber ging er zur Generaloffensive über. Er baute ihnen oberhalb von Saint-Lazare einen Heimkomplex von zwölf Häusern und betreute in kürzester Zeit vierzehnhundert von ihren Eltern weggelegte Kinder. Er ließ sie ernähren und bekleiden und an anständige Pflegeeltern am Land vermitteln. All das erforderte enorme finanzielle Anstrengungen, und er stand oft genug mit leerer Kasse da und wusste nicht weiter. Zumal Krieg, Hunger und Seuchen wüteten und die finanzielle Lage im Allgemeinen alles andere war als rosig.

Dazu kam das menschliche Problem so mancher Caritasdame, die ihre Abneigung gegen die unglücklichen „Bastarde“ kaum überwinden konnte. Mit der Verzweiflung eines Genies der Nächstenliebe wandte er sich in solchen Stunden der Anfechtung mit all seiner Liebe und seinem unerschütterlichen Glauben an seine Mitarbeiter: „Gut, meine Damen, Mitleid und Liebe haben Sie diese kleinen Geschöpfe als ihre Kinder annehmen lassen. Sie waren ihre Mütter der Gnade nach, da jene, die der Natur nach ihre Mütter sind, sie preisgeben wollen. Hören Sie also auf, ihre Mütter zu sein, um hier und jetzt ihre Richter zu werden: Leben und Tod dieser Kinder sind in Ihren Händen. Ich werde jetzt abstimmen lassen, es ist Zeit, das Urteil über diese Kinder zu sprechen und zu erfahren, ob Sie sich ihrer nicht mehr erbarmen wollen. Sie werden leben, wenn Sie weiterhin barmherzig für sie sorgen, sie werden unfehlbar umkommen, wenn Sie sie preisgeben – die Erfahrung gestattet Ihnen nicht, daran zu zweifeln."

Die Damen schwiegen. Sie beschlossen einstimmig, auch weiterhin die Schutzengel für die Ärmsten zu spielen.

Doch zwei Jahre später stand das ganze Werk erneut vor dem Bankrott. Es gab kein Geld, kein Brot, keine Bekleidung, nur Schulden. Louise von Marillac rannte sich ihre Füße wund, um etwas von all dem aufzutreiben, und musste mit der Verzweiflung kämpfen. Vinzenz blieb stark. Er rief die Frauen zusammen und donnerte los: „Sie sagen, Sie haben kein Geld? Ach, wie vielen luxuriösen Krimskrams, der zu nichts nütze ist, haben Sie in Ihren Wohnungen! Oh, meine Damen, wie weit bleiben wir hinter der Frömmigkeit der Kinder Israels zurück, deren Frauen ihren Schmuck hergaben, um ein goldenes Kalb herzustellen!" Das traf.

Nicht selten stach aus seinen Aufrufen die Spitze seines proletarischen Bewusstseins hervor: „Adel verpflichtet; Ihr habt große Aufgaben zu erfüllen!" Oder: „Wenn die Leute in der Welt sich geehrt fühlen, wenn sie den Kindern der Großen dienen dürfen, wie viel mehr Ihr, die Ihr berufen seid, den Kindlein Gottes zu dienen!" Hier sprach, wenn auch durch den Schalldämpfer seiner tiefen Liebe hindurch, immer wieder der christliche Rebell: aus der Ferne grüßte Thomas Münzer.

Es ist fast schon selbstverständlich, dass sich Vinzenz Depaul im Kampf gegen das soziale Elend nicht nur den Findelkindern zuwendet, sondern auch einer anderen großen Gruppe gesellschaftlicher Randsiedler: den Alten. Im Jahr 1653 richtet er gemeinsam mit Louise von Marillac im Vorort Saint-Laurent das „Spital vom heiligen Namen Jesu" ein. Es ist ein Altersheim für Männer und Frauen. Während die Hilflosen hier mit allem Nötigen versorgt und gepflegt werden, verordnet er den Gehfähigen eine Arbeitstherapie: Mithilfe von Handwerks-Instruktoren sollen die Senioren einer sinnvollen Tagesbeschäftigung nachgehen.

Bei all diesen Tätigkeiten vergaß Vinzenz nicht die ständige Betreuung der Galeerenhäftlinge. Seine Erfolge auf diesem Gebiet waren so groß, dass man ihn gemeinhin als den „charmeur des tigres", den „Bezauberer von Tigern" genannt hat. Unablässig sandte er seine Mitarbeiter in die Gefängnisse und auf die Galeeren. Und sie brachten nicht nur tröstende Worte, teilten nicht nur die Kommunion aus, sondern auch Kleider, Lebensmittel und Medikamente.

Vinzenz selbst intervenierte unablässig für sie und freute sich selber mit den Häftlingen, als er aus ihrem Munde hören konnte, dass ihnen inmitten ihres Sträflingsdaseins ein Aufenthalt im Häftlingsspital von Marseille wie ein Urlaub im Himmel vorkam.

Seinen Schwestern aber, die unter diesen harten Burschen tagtäglich unterwegs waren, schärfte er in einem seiner einprägsamen Sprüche ein: „Seid wie das Licht der Sonne, das unaufhörlich über den Schmutz dahingleitet, ohne sich auch nur im Geringsten zu beschmutzen."

Freilich kümmerte er sich nicht nur um die Sträflinge der Galeeren. Auch die anderen Gefängnisse entgingen seiner Aufmerksamkeit nicht. So befand sich in Saint-Lazare beispielsweise eine Besserungsanstalt für vergammelte Jugendliche, an der Vinzenz sehr viel lag und mit der er ebenfalls gute Erfolge erzielte.

VII. Der Menschenrechtskämpfer

Vinzenz als Menschenrechtskämpfer im internationalen Ausmaß: Wer glaubt, dies sei seine gewaltsame Modernisierung, irrt sich. Die Kerkermeister von damals saßen in Konstantinopel! Ganz Nordafrika gehörte zum Reich des Großtürken, und es war für den Sultan eine Selbstverständlichkeit, dass die Gefangenen, die er bei Piratenüberfällen auf dem Meer und Einfällen nach Frankreich, Spanien und Italien erbeutete, als Sklaven verwendet wurden. Nach zeitgenössischen Berichten schmachteten allein in Algier und Umgebung etwa zwanzigtausend solcher Sklaven, weitere fünf- bis sechstausend hielt man in Tunis gefangen.

Die Zustände waren zum Teil katastrophal. Die Gefangenen wurden in Stallungen zusammengepfercht und mussten auf den Feldern ihrer Herren Fronarbeiten verrichten. Andere wurden in Marmorbrüchen und auf den Galeeren eingesetzt. Die Frauen wanderten in die Harems. Wer sich bereit erklärte, zum Islam überzutreten, wurde freigelassen, durfte aber nie mehr in seine Heimat zurückkehren: eine Art Verbannung auf Lebenszeit.

Angesichts dieses Sachverhaltes, zu dem Vinzenz aufgrund seiner Erlebnisse in seinen turbulenten Jugendjahren auch eine persönliche Beziehung hatte, baute er eine Gefangenenhilfsorganisation auf, die als die Vorgängerin späterer Initiativen auf diesem Gebiet betrachtet werden kann. Zu Hilfe kam ihm dabei der Umstand, dass Frankreich in den türkischen Hafenstädten konsularische Vertretungen unterhalten durfte.

Alle diese Vertretungen verfügten über einen Hauskaplan. Auf diese baute Vinzenz seine Gefangenenhilfeorganisation auf. Er suchte die besten Männer seiner Mission auf und sandte sie als Hauskapläne in die einzelnen türkischen Hafenstädte. Hier konnten sie, unter dem Schutz des französischen Konsulats, eine rege Hilfstätigkeit entfalten.

Der erste, der solchermaßen in die hoffnungslose Finsternis der tunesischen Sklavengefängnisse ein wenig Licht bringen konnte, war Julius Guérin. Im Jahr 1645 beginnt er dort mit seiner Mission, die ihn unter den Häftlingen alsbald bekannt, ja berühmt macht. Selbst der Bey lässt sich von der Hilfsbereitschaft des Franzosen beeindrucken. „Ich weiß", sagt er zu Guérin, als dieser um die Erlaubnis bittet, einen zweiten Priester zur Betreuung der Sklaven einzusetzen, „du bist hier, um Gutes zu tun."

Die Gefangenen, denen diese Organisation nicht nur Trost spendet, sondern auch die Hoffnung, freigekauft zu werden, sind überglücklich. Sie beten für ihre Wohltäter in Frankreich, denn sie wissen, dass sie sich außer auf diese Menschen auf kaum jemanden verlassen können.

Saint-Lazare entwickelt sich inzwischen zum Umschlagplatz einer regen Korrespondenz und zur Verteilungszentrale der notwendigen Geldmittel. Als Anlaufstelle für geheime Nachrichten dient dabei das Spital in Marseille.

Die Missionare versuchen, die Sklaven loszukaufen, und sind dabei durchaus erfolgreich. Ihre Sorge gilt selbstverständlich in erster Linie den Kindern und den Frauen. Laut Schätzungen wurden in den ersten 16 Jahren rund 1200 Gefangene losgekauft. Einer der großzügigsten Geldgeber war wieder einmal die Herzogin von Aiguillon. Die Caritas-Damen von Paris taten eifrig mit.

Im Laufe einer Befreiungsaktion im Jahre 1660 versuchte man schließlich, alle Sklaven durch einen Flottenangriff freizukämpfen, doch gab es starken Gegenwind: Die Landung in Algier wurde verhindert, die Invasion buchstäblich abgeblasen.

Ein Jahr bevor Guérin starb, traf Johannes Le Vacher in Tunis ein. Er wirkte später auch in Algier und ging als Held dieser Gefangenenbefreiungsaktion in die Geschichte ein.

Husarenstück der Herzogin von Aiguillon: Sie kauft, mit einem Patent der Regentin versehen, zunächst das Konsulat in Algier, dann auch das Konsulat in Tunis und übergibt sie Vinzenz. Nun kann er nicht nur Konsulatskapläne einsetzen, sondern auch den Konsul selbst stellen. Johannes Le Vacher besitzt bereits den Status eines Konsuls.

Doch als Duchesne im Jahr 1638 Algier beschießen lässt, nehmen die Türken eine blutige Rache. Sie binden Le Vacher vor eine Kanone. In Fetzen zerrissen, fliegt sein Körper ins Meer hinaus.

Nicht weniger heldenhaft wie Johannes Le Vacher erwies sich auch sein Bruder Philipp, nachdem vor ihm drei Missionspriester in den Bagnos von Algier während einer verheerenden Pestepidemie zwischen 1647 und 1648 zusammen mit mehreren Sklaven den Tod gefunden hatten.

Es wäre noch manches zu dieser großartigen Gefangenenhilfe-Aktion zu sagen, deren Geschichte einem fantasievollen Kriminalroman zu Ehren gereichen würde. Doch da gibt es noch andere, nicht minder wichtige Aufgaben, denen sich Vinzenz widmen musste und deren auch nur einigermaßen erschöpfende Schilderung den Rahmen dieses Werkes sprengen würde. Dennoch sei in aller Kürze auch auf ein anderes Gebiet hingewiesen, auf dem er ebenfalls Bleibendes und seiner Zeit weit Vorauseilendes geschaffen hatte: auf dem Gebiet der Psychopathologie.

Die medizinischen Interessen Depauls dürften auf seine Jugendjahre zurückgehen, in denen er sich eingehend mit Alchimie und Chemotherapie beschäftigt hatte. In seiner Bibliothek befanden sich die Werke der führenden Ärzte und Naturwissenschaftler seiner Zeit. Er besaß die Bücher von Campagnela, Sylvius, Fallopius, de Laurens und Fernei. Die Klassiker, wie Hippokrates und Galenos, fanden in seiner Bücherei ebenso Platz wie die pharmazeutischen Arbeiten von du Renou, die chemische Praxis von Johannes Hartmann, das terrestrische Paradies des Gabriel de Castaigne oder die Hygienewerke von Lessius und Cornaro. Für ihn ist Krankheit etwas Heiliges, ja Göttliches, denn durch das Leiden Jesu wurde alles Leid vergöttlicht. Dies ist seine theologische Ausgangsbasis, auf die er immer wieder zurückkommt. „Ja, unser Herr wollte selbst ein Wahnsinniger sein, wie es denn so im Evangelium heißt (Markus 3,21) und wie man auch glaubte von ihm, er sei wahnsinnig geworden. Die Apostel selbst haben ihn gelegentlich für einen Rasenden gehalten, und so schien er ihnen, wie sie auch Zeugen waren für alle Leiden, die er erduldete und die er heiligte als Zustände unserer Betroffenheit und Schwäche; denn so wollte er sie und uns lehren, Mitleid zu haben mit jenen, die in solche Schwächen verfallen."

Als Vinzenz Saint-Lazare übernahm, waren dort mehrere Geisteskranke in einem der Häuser untergebracht. Er behielt sie und versuchte sie einer entsprechenden Behandlung zuzuführen. Seine Schwestern arbeiteten überdies seit 1655 in einer der Pariser Anstalten für Geisteskranke, wo sie rund vierhundert Insassen zu pflegen hatten.

Vinzenz teilt die Kranken in „Irre" und in „Libertins" oder Lasterhafte ein. Bei den Ersteren handelt es sich um psychisch Erkrankte im engeren Sinn, bei den Letzteren um haltlose Menschen, die eher als soziale und weniger als klinische Fälle betrachtet werden müssen. Während die Ersteren nach den damaligen Methoden der fortschrittlichen Medizin behandelt werden, hält Vinzenz die Letzteren durchaus für das gute Wort zugänglich und versucht, sie deshalb mittels einer behutsamen religiösen Pädagogik zu heilen. Seine aufgeklärte Mentalität spiegelt sich nirgends so stark wie in der Frage der dämonischen Besessenheit, dieser Modekrankheit der damaligen Zeit, wider.

Da das Leid durch Jesus vergöttlicht ist, misst Vinzenz dem Teufel keinerlei maßgebliche Bedeutung bei. Wie einer seiner Biografen, der Mediziner Dr. Leibbrand, feststellt: „Eine Dämonenpathologie, in jener Zeit durchaus noch vorhanden, hat in seinem ärztlichen Denken keinen Platz."

Wenn ihm von einer sogenannten „Besessenheit" berichtet wird, geht er überaus behutsam an den Fall heran. Er versucht, den Betroffenen zunächst grundsätzlich einer medizinischen Behandlung zuzuführen, und lässt den damals überaus modischen Exorzismus eher nur in der Form von Fürbitten gelten.

Als ihm eines Tages Angelika Arnauld, die Vorsteherin des Klosters Port-Royal, ein junges Mädchen schickt, das angeblich an Besessenheit leidet, da sie vor jeglichem Gebet und jeglicher Beschäftigung mit Gott tiefe Abscheu empfindet, notiert sich Vinzenz: „Mein erster Gedanke war, dass es sich hier um eine melancholische Verfassung handelt. Indessen hatte ich Rücksicht auf Andersdenkende zu nehmen, die an eine Besessenheit glaubten, und so gab ich insofern nach, als ich dem Offizial mitteilte, es sei nicht verkehrt, Herrn Charpentier – einem namhaft frommen Kleriker – einige leise Exorzismen vornehmen zu lassen [...] mehr im Sinne der Fürbitte als der Austreibung; das war auch die Ansicht des hochwürdigen Oberen des Oratoriums. Die Austreibung wurde daher im Interesse des Mädchens von Herrn Charpentier nicht vorgenommen." Durch eine schwere Krankheit habe sich die physisch-psychische Lage des Mädchens verändert, „sodass sie nach deren Abklingen auch von der Psychose ganz befreit wurde".

Auch was die äußeren Umstände betraf, leistete Vinzenz Vorbildhaftes. Die kollektive Beschäftigungstherapie spielte in seinem Behandlungsplan ebenso eine Rolle wie die Generalbeichte als Methodik der Seelenentlastung. Er erreichte immerhin, dass Saint-Lazare als fortschrittliche Anstalt galt und den besten Ruf genoss.

Das Urteil Leibbrands, dass Vinzenz als Begründer der sozialen Fürsorge für psychische Hygiene betrachtet werden müsse, trifft ebenso zu wie seine Feststellung, „dass Vinzenz tatsächlich als der große Irrenreformator des 17. Jahrhunderts" zu betrachten ist.

Freilich: Nicht bei allen fanden die zukunftsweisenden Pioniertaten dieses unkonventionellen „uomo universale" der Nächstenliebe Verständnis und Billigung. Selbst der große Bérulle konnte seine Gefühle des Neids und des Unverständnisses nicht verbergen. Er schrieb in einem Gutachten über das Missionswerk von Vinzenz an einen Priester: „Die Absicht, die Sie bekunden, mit zu denen zu gehören, die die Sache der Missionen auf verschiedenen und meines Erachtens krummen Wegen betreiben, muss Sie verdächtig machen ..."

Nicht anders erging es Vinzenz in den höfischen Kreisen. Die Angehörigen der High Society störte nicht nur seine einfache äußere Erscheinung, sondern vor allem seine revolutionären sozialen Ansichten. Man versuchte, ihn zu verulken und durch Intrigen zu eliminieren. Mazarin selbst, dieser höfisch-wendige, überaus eitle und innerlich zutiefst leere Mensch, konnte Vinzenz naturgemäß – wie es in seinem Tagebuch nachzulesen ist – nicht vertragen.

Als Depaul in das höchste ratgebende Gremium des Königshofes, den Conseil de Conscience, den Gewissensrat, berufen wird, versucht Mazarin, dessen Tätigkeit zu blockieren. Kein Wunder, denn der schmucklose Pfarrer aus der Gascogne benutzt seine neue Stellung vornehmlich dazu, der kirchlichen und weltlichen Korruption gleichermaßen einen Riegel vorzuschieben. Unbeeindruckt von Rang und Namen, vereitelt er die Absichten mächtiger Pfründenjäger, die auch von Bestechungsversuchen nicht zurückschrecken, um ihre Ziele zu erreichen. Doch bei ihm zählen nur geistige Qualität und Charakter. Dass die Playboys am Hofe über den Proletarier vom Land ihre Possen reißen, ist eine Selbstverständlichkeit; sie kommen sich dabei überaus gut vor. Doch dies alles kann ihn nicht mehr erschüttern. Er kennt seinen Weg und geht ihn, unbeeinflussbar von Macht und Ehren.

VIII. Der Antimilitarist und Friedenskämpfer

Die schwerste Zeit für die sozialreformerische Tätigkeit Vinzenz Depauls bedeuteten die Jahre zwischen 1640 und 1660. In diese Periode fällt der flandrische Krieg zwischen Frankreich, Spanien und Österreich, tobt noch immer der Dreißigjährige Krieg, prägen die blutigen, bereits seit mehr als einem halben Jahrhundert andauernden und durch das Edikt von Nantes nur kurz unterbrochenen Hugenottenkriege die Zeit. Dazu kommen der Aufstand des Adels gegen die absolutistische Staatsmacht Mazarins und die Bevorzugung der Ausländer durch die Königinmutter Anna von Österreich, die sogenannte „Fronde". Eine unendliche Serie von Auseinandersetzungen, einen ebenso unendlichen Rattenschwanz von Epidemien und Hungersnöten hinter sich herziehend. Ein Meer von Blut und Tränen, das „der Schlund der Hölle" – wie Vinzenz-Schüler Bossuet formuliert – „jemals ausgespien hat, um die Menschen zu vernichten".

Auf diese Offensive des Hasses antwortet Vinzenz mit einer Mobilmachung seiner Friedenskraft. „Krieg überall! Elend überall! O Heiland, lieber Herr!" ruft er aus. Er betet und sendet seine Hilfstruppen in die am ärgsten heimgesuchten Gegenden seiner Heimat. Er installiert sein Hilfswerk in Lothringen, der Picardie, in der Champagne und der Île-de-France. Man nennt ihn einen Minister der Caritas, einen Vater des Vaterlandes. Caritasfrauen, Missionspriester, Schwestern und Brüder stehen pausenlos im Einsatz, um dem Wahn des Krieges die Stirn zu bieten. „Die Männer gehen in den Krieg, um andere zu töten, und ihr geht in den Krieg, um wieder gutzumachen, was sie Böses taten!" sagt er zu seinen Friedenskämpfern. Er wirft seine Autorität bedingungslos in die Waagschale.

Wie in den zeitgenössischen Stichen Callots formieren sich in seinem Geist die verzweifelten Hilferufe und die unglaublichen Meldungen vom Elend des Krieges zu einem einzigen flammenden Aufschrei: Er sucht Richelieu auf, wirft sich vor ihm nieder und fleht ihn an: „Geben Sie uns den Frieden! Haben Sie Mitleid mit uns, geben Sie Frankreich den Frieden!" Die Antwort Richelieus: „Ich wünsche diesen Frieden ebenso sehr wie Sie, aber der Friede hängt nicht allein von mir ab."

Die Offensive der Nächstenliebe setzt zunächst in dem schwerst betroffenen Lothringen ein. Die zeitgenössischen Berichte über die Grausamkeiten des Krieges in diesem Gebiet übersteigen schier unsere Vorstellungen. Zu drei Missernten und zwei Pestepidemien gesellen sich die Untaten der aus Franzosen, Schweden, Ungarn und Kroaten bestehenden Truppen, die plündernd und mordend, brandstiftend und vergewaltigend durch die Gegend ziehen. Die Hungersnot erreicht katastrophale Ausmaße: Die Leute essen Gras, verschlingen Kadaver und wenden sich sogar dem Kannibalismus zu. An den Straßenrändern und zwischen den dahinziehenden Truppen bewegen sich gespensterhafte Gestalten: zum Skelett abgemagerte Männer, Frauen und Kinder.

Vinzenz richtet in den von den Flüchtlingen belagerten Städten Caritaszentralen ein. Seine Leute schaffen Getreide herbei, teilen Brot aus, lesen in den Wäldern die Todgeweihten auf und bringen sie in eilends eingerichtete Lazarette, wo sie verpflegt und gerettet werden; sie versorgen die Menschen mit Medikamenten, Bekleidung und Lebensmitteln. Ihre ambulanten Abteilungen suchen die schwergeprüfte Bevölkerung auf, um auch ihr in aller erdenklicher Form zu helfen.

Von Paris aus leitet Vinzenz den Großeinsatz seiner Männer und Frauen. Als Kurier fungiert ein kleinwüchsiger Analphabet: Frater Mathieu Regnard (der Fuchs), der sich mit den entsprechenden Geldsummen insgesamt dreiundfünfzigmal durch die vom Feind beherrschten Gebiete schwindelt, den Banditen und Soldaten immer wieder entkommt und am Rückweg Hunderte von hungernden Kindern und Waisen nach Paris mitnimmt. Nicht viel anders als in Lothringen sieht es auch in der Picardie und in der Champagne aus, wie wir aus den Schilderungen Vinzenz' wissen.

Ein Missionspriester berichtet: „Keine Sprache kann ausdrücken, was wir gesehen [...] Alle Kirchen geschändet, die Priester ermordet [...]. Die Häuser zerstört, die Ernte verschleppt, die Erde ohne Pflug und Saat, Hunger und Tod fast allgemein, die Toten ohne Begräbnis und meist den Wölfen zum Fraß preisgegeben. Das Brot, das die Leute essen, ist wie Schlamm [...]. Die meisten liegen in den zerstörten Hütten krank darnieder, auf der Erde oder auf verfaultem Stroh, ohne Wäsche, ohne Kleidung, in Lumpenfetzen."

Für die Effektivität der vinzentinischen Hilfe spricht ein Brief des Stadtrates von Rethel aus dem Jahr 1653: „Seit zwei Jahren" – so die Stadtväter – „lebt die Champagne und besonders diese Stadt nur dank der Hilfe, die ihr durch Ihre Caritaswerke zukommt."

Was die fremden Heere für Lothringen, die Picardie und die Champagne, waren die Frondeure und ihre Gegner für die Umgebung von Paris. Über die königlichen Truppen schreibt die Äbtissin von Port Royal, Angelika Arnauld: „Die Barbarei der

Soldaten ist dermaßen, dass nicht einmal die Türken schlimmer hausen könnten [...]. Es scheint, dass alle Soldaten vom Satan besessen sind."

Während die Frontkämpfer der Nächstenliebe bis zum Umfallen im Dienst der Bevölkerung stehen, hört Vinzenz in Paris nicht auf, für den Frieden zu beten. Er schränkt die Mahlzeiten auf seinem Tisch ein, um seine Solidarität mit den Hungernden zu bekunden und den Himmel gleichsam zum Eingreifen anzuspornen.

Am 16. Januar 1649 – Paris ist von den Truppen Mazarins und der Königin-Mutter belagert und droht dem Hunger ausgeliefert zu werden – unternimmt Vinzenz eine waghalsige Mission. Er reitet auf seinem Pferd, nur von seinem Sekretär Ducournau begleitet, ins Hauptquartier der beiden. Bereits in Clichy überfallen ihn die Soldaten, und er verdankt sein Leben allein dem Umstand, dass einer von ihnen in ihm seinen ehemaligen Pfarrer erkennt. Bei Neuilly ist die Seine aus ihren Ufern getreten, er muss sie mit dem Pferd durchschwimmen. Endlich kommt er in Saint-Germain an. Er bittet die Königin-Mutter, Mazarin unverzüglich entlassen zu wollen, damit wenigstens Paris der Friede wiedergeschenkt werden könne. Mazarin selbst sagt er: „Weichen Sie dem Unglück, der Zeit! Werfen Sie sich ins Meer, um den Sturm zu beruhigen!"

Aber was nützen solche Worte bei Leuten, die die Machtgier, der Hass und der Revanchismus bereits längst blind gemacht haben! An dieser Front kann Vinzenz keine Schlachten oder gar den Krieg gegen die Unmenschlichkeit der Zeit gewinnen. Er muss sich auf die Frontlinien der Operation Nächstenliebe zurückziehen: Hier kann er vollen Erfolg verbuchen, wenn auch viele Probleme ungelöst bleiben.

Sein Einsatz ist total: Im Kugelhagel der Heere, von seinem „petit fiévrotte“, wie er seine alte Fieberkrankheit nennt, geschüttelt, schlägt er sich von Stadt zu Stadt durch, um Lebensmittel aufzutreiben, ertrinkt dabei fast in der Loire und wird selbst vom Hunger gequält.

Wie die Friedens- und Menschenrechtskämpfer aller Zeiten wendet sich auch er in einem langen Brief an den Papst. Er will ihn zur Intervention bewegen, den blutigen Auseinandersetzungen ein Ende zu bereiten. Er entschuldigt sich, dass er als „namenloser Privatmann“ den sicher besser informierten Papst um Hilfe bittet, aber das Elend – so Vinzenz – lasse ihm keine andere Wahl. Auf Petri Stuhl sitzt jedoch kein Friedensapostel: Innozenz X. ist alles andere als ein Mann nach den Intentionen Jesu Christi. Er selbst führt Kriege und verfügt kaum über die Sensibilität eines Heiligen für die Nöte der Zeit.

„Heiliger Vater, der Tag hat zwölf Stunden, und was beim ersten Male nicht gelingt, vermag bei einem neuerlichen Versuch besseren Erfolg zu zeitigen.“ Es sind eher Worte, die er zu sich selber spricht, um gleichsam die Hoffnung wider die Hoffnung, diesen Antrieb seines Lebens, neu zu erwecken.

IX. Tod und Bilanz

Es war ein langer Weg, den Vinzenz Depaul vom pfründegierigen und karrieresüchtigen jungen Kleriker bis zum leidenschaftlichen Anwalt der Proletarier, der in Denk- und Lebensweise selbst ganz einer der ihren geworden ist, zurückgelegt hatte. Bis er zum christlichen Revolutionär der zweiten Reformation wurde, in dem sich manche Gedanken eines Luther oder Thomas Münzer neu artikulieren und unter den gegebenen gesellschaftlichen und politischen Voraussetzungen zur optimalen Wirklichkeit werden konnten. „Oft kommt mir der Gedanke und bringt mich in Verwirrung: ‚Elender, hast du das Brot verdient, das du jetzt essen willst, das Brot, das dir aus der Arbeit der Armen kommt?'" sagte er.

Und es war einer der fundamentalen Charakterzüge dieses Mannes, dass er solche Sätze nicht nur den Reichen seiner Zeit an den Kopf geschleudert, sondern sie in aller Härte auch auf sich selbst angewendet hatte. Das war seine Stärke. Es gab in der Tat kaum einen Revolutionär, der seine Glaubwürdigkeit durch den Einklang von Forderung und Lebenswandel so fest begründen konnte wie dieser ehemalige Schweinehirt aus der Gascogne.

Ein überragendes Talent im strategisch-organisatorischen Denken, im praktischen Tun, aber auch ein genialer Geist und ein das Christentum in seiner unverfälschten Größe verstehender Glaube, der von einer alles überströmenden einfühlsamen Liebe angetrieben wurde, machten ihn zu einem einmaligen Phänomen der sozialen Tat christlicher Prägung, weit vor allen Theoretikern und späteren Praktikern dieses Gebietes;

man sollte Vinzenz Depaul und sein Werk – vom „Odium" des Heiligen im barock-kitschigen Sinn befreit – unter vielerlei Aspekten neu und eingehender studieren.

Es machte ihn neben einem Franziskus oder einer Teresa zum Repräsentanten jener anderen Kirche, die von den Kirchenhassern jedweder Couleur, gestern wie heute, konsequent übersehen wird. „Schließlich gehen die Menschen, und Gott bleibt", war einer der Aussprüche Vinzenz Depauls. Nach einem ereignis- und wirkungsvollen Leben holte auch ihn die Wahrheit dieses Spruches ein.

Am 27. September 1660, morgens um vier Uhr, stirbt er, neunundsiebzig Jahre alt geworden, aufrecht sitzend in seinem Stuhl. Die Nachricht von seinem Tod lockt ganze Heere von Freunden, Bekannten und Betroffenen in das kleine Zimmer von Saint-Lazare zum Abschied. Nobilitäten der bürgerlichen Gesellschaft und Angehörige des vierten Standes geben sich gegenseitig die Klinke in die Hand, noch ein letztes Mal illustrierend, wie sehr er es verstanden hatte, die Armen von der Armut und die Reichen von ihrem Egoismus zu befreien.

Sie nehmen von einem Mann Abschied, der, in der Geschichte beispiellos, eine Operation Nächstenliebe entfachte, wofür ihm unter heutigen Verhältnissen mit einiger Sicherheit der Friedensnobelpreis verliehen worden wäre. Doch er hatte dies alles nicht nötig und sann auf kein menschliches Lob. „Sie sind die Zuflucht der Sünder", versuchte ihn einmal jemand zu preisen. „Reservieren Sie diesen Titel für Christus und seine barmherzige Mutter", war seine Antwort. Er betrachtete sich nur als Instrument in der Hand der Vorsehung und wusste, dass es das Werk selber war, das für ihn sprach.

Und hier ist nun zu fragen, was von ihm blieb außer den einbalsamierten Leichenteilen in den diversen Kirchen von Paris, wie sie uns von der grausamen Frömmigkeit der barocken Heiligenverehrung beschert wurden. Zunächst einmal muss darauf hingewiesen werden – um einem kitschigen Heiligenbericht zu entgehen und die richtigen Proportionen seines Wirkens wenigstens annähernd zu sehen –, dass er natürlich auch oft versagte. Am schmerzlichsten berührte ihn das Schicksal seines Zöglings aus dem Hause Gondi, des späteren Kardinals von Retz, dieses völlig missratenen Windbeutels im Priesterrock, von dem Chateaubriand in seinem Buch über den Abbé de Rancé bemerkt: „Ein Mann von bedeutendem Geist, aber ein Kirchenfürst ohne Verstand und ein ruchloser Bischof, hat Retz sich den Plänen Gottes widersetzt; es kam ihm nie in den Sinn, dass ein inbrünstig gebeteter Rosenkranz mehr zur Ehre Gottes gereicht als alle Höhen und Tiefen der Karierre."

Auch ansonsten war Vinzenz zu Lebzeiten kein Wunderpriester, der die kirchliche Erneuerung gleichsam wie ein Kaninchen aus dem Hut zaubern konnte. Er vermochte es selbst als Mitglied des Conseil de Conscience nicht zu verhindern, dass ungläubige Menschen wie ein Beaumanoirs de Lavardin zu Bischöfen geweiht wurden. Noch im Todesjahr von Vinzenz empört sich Henri-Marie Boudon, Archidiakon in Evreux, über den Zustand, in dem sich Tabernakel und Hostienbehälter in den Kirchen Frankreichs befänden. Und Richelieu belohnte, unbekümmert von Vinzenz und dem Tridentinischen Konzil, auch weiterhin die Musiker seines Orchesters mit Abteien und Probsteien.

Wie schwer es war, von den Irrungen und Wirrungen der Zeit loszukommen, zeigt das Beispiel Oliers, eines Freundes von

Depaul und Gründers von Saint-Sulpice: Trotz tiefer Spiritualität praktizierte selbst dieser fromme Priester die kanonisch längst verbotene Pfründenhäufung.

Doch gerade angesichts dieses Sachverhaltes kann die Wirkung von Vinzenz, deren Früchte sich erst allmählich zeigten, nicht hoch genug eingeschätzt werden. Ich mag grundsätzlich keine Statistiken, da sie in keiner Weise Opfer und Schweiß, Gebet und Tränen, Erfolg und Misserfolg, mit einem Wort: jene ungeheure Dynamik des Lebens vermitteln können, die hinter ihren nüchternen Zahlen pulsieren. Dennoch lassen sie wenigstens in Chiffren erahnen, was Vinzenz bewirkte und noch immer bewirkt.

Als er starb, zählte die Schar seiner Missionspriester, die „Lazaristen", 450 Mitglieder. Heute stehen in fünf Kontinenten rund Tausende Vinzenz-Brüder im Dienste der Menschheit. Sie unterhalten Priesterausbildungsstätten, Schulen, Kinder- und Altersheime, Spitäler und Missionen. Ihr äußeres Erscheinungsbild – einfacher Talar mit einem ebenso einfachen Zingulum – erinnert auch heute noch an ihre proletarische Herkunft.

Noch explosionsartiger als die „Lazaristen" verbreiten sich die Filles de la Charité in aller Welt. Trotz sinkender Eintrittszahlen infolge der Säkularisierung beugen sich heute in sechsundzwanzig Ländern mehr als 30.000 Barmherzige Schwestern über Tausende von Krankenbetten, opfern sich für Gotteslohn der Säuglings-, Kranken- und Altenpflege, arbeiten in den Kindergärten, in der Jugendbetreuung, in den Missionen, in der Behindertenfürsorge und in den Pfarren. Im deutschsprachigen Gebiet treten sie zunächst in Österreich (1850) und zwei Jahre später in Deutschland in Erscheinung. Ihre charakteristische Kopfbedeckung, das „Cornett“, ist mittlerweile schon längst zum Gütezeichen tatkräftiger christlicher Nächstenliebe geworden.

Über all diese praktischen und auch statistisch imposanten Wirkungen hinaus beinhaltet aber das Leben und Wirken Vinzenz Depauls noch eine weitere, ganz besonders akzentuierte Aktualität, mit der man sich eingehender befassen sollte. Ich denke an jene ungeheure spirituelle Potenz, die in seinen Schriften und Werken steckt und die aus ihrem Dornröschenschlaf erweckt werden sollte. Denn was die Christenheit heute dringend nötig hat, ist eine neue, vertiefte, zu den reinen Quellen der Schrift zurückkehrende und von dorther erneuerte Spiritualität. Es ist ein fast unverzeihlicher Fehler der jüngsten Kirchengeschichte, dass sie im Zuge eines nervösen Einholversuchs der davongeeilten Welt nebst anderem auch die Heiligen und ihren überaus wertvollen Nachlass mehr oder weniger über Bord geworfen hat, anstatt ihn bloß vom Ballast kitschiger Geschichtsverfälschungen zu reinigen. Für die weit verbreitete Oberflächlichkeit auch in kirchlichen Kreisen spricht die Tatsache, dass man dies obendrein just zu einem Zeitpunkt tat, als Vertreter anderer Weltansichten ihre Helden, ja „Heiligen“, sehr geschickt und mit viel propagandistischem Einsatz zu Idolen der sogenannten öffentlichen Meinung aufgebaut haben.

Wenn ich mich nicht täusche, ist aber inzwischen ein Ernüchterungsprozess im Gange, von dem man nur hoffen kann, dass er den zu Unrecht vom Tisch gefegten Lebensgeschichten der Heiligen zu einer neuen Renaissance verhelfen wird. Es sollen hier nur einige wenige Beispiele der Aktualität Vinzenz Depauls erwähnt werden.

Nicht anders wie er stehen auch wir heute infolge der Säkularisation einer immer mehr um sich greifenden religiösen Unwissenheit, ja aufgeblasenen Ignoranz gegenüber, die tief bis in die Kreise der Intelligenz reicht. Eines ihrer Symptome ist, dass selbst manche Christen, ja Priester, allen Ernstes daran glauben, irgendwelche oberflächliche Konzessionen an die Zeit und ein von den Werten einer zweitausendjährigen Tradition befreites Bewusstsein könnten eine Erneuerung bewirken. Welch ein katastrophaler Irrtum!

Und welche Torheit, all jene, die auf diese Werte hinweisen, als vorgestrige Geister abzutun und der Lächerlichkeit preisgeben zu wollen! Jene wenigen Wissenden unter uns, deren Geschmack von einer wahren Flut kurzlebiger Bestseller, Untersuchungen, Statistiken und Ratschlägen soziologischer und auch theologischer Natur nicht verdorben wurde, greifen gleichsam als geistige und gläubige Feinschmecker nach Werken, die mit den Namen Franz von Sales, Theresia von Avila, Jean Eudes, Bossuet, Pascal, Chateaubriand, Dupanloup, Lamennais oder auch Kierkegaard und Chesterton verbunden sind.

Das Anliegen eines Bérulle, des „milieu devot" und Vinzenz' selber ist nach wie vor aktuell: eine Periode der Aufklärung einzuleiten, die die Menschheit mit den überreichen Schätzen der zweitausendjährigen Geschichte des Christentums bekannt macht, damit sie von ihrem geistigen Leergang und von der stupiden Leier über eine Kirche der Inquisitoren und Hexenjäger endlich loskommt.

Nicht minder aktuell ist auch, angesichts des drückenden Priestermangels neue Wege der Frömmigkeit und der Erweckung der Priesterberufe zu überlegen. Ebenso aber auch, ganz im vinzentinisch-unkonventionellen Sinn ein neu akzentuiertes Betätigungsfeld für junge Mädchen und Frauen zu finden, das den vielfach andersgearteten Nöten unserer Zeit entspricht.

Welch ungeheure Wirkung doch die Botschaft Vinzenz' (die die gelebte Botschaft Jesu Christi ist) auch heute haben könnte, erahnen wir, wenn wir uns die Situation der Gegenwart vor Augen halten, die der Dramatiker Ionesco einstmit dem Satz gekennzeichnet hat, die Menschheit gehe auf der Erde im Kreis, weil sie vergessen hat hinaufzublicken.

Wenn es Leute gäbe, die den Blick der Menschen auf diese Hoffnung lenken könnten!

Wie sollen aber solche Menschen aus einer Schar von jungen Theologen hervorgehen, die – wie geschehen – auf die Frage, was sie vom Priesterberuf abhielte, unter anderem die Antwort erteilten, weil „das gesellschaftliche Prestige des Priesters" in der heutigen Gesellschaft auf einen Tiefpunkt gesunken sei? Welches Prestige hatte Jesus?

Wie weinte doch Vinzenz Depaul bittere Tränen über seine Torheit, die ihn in seinen jungen Jahren nach Pfründen und gesellschaftlichem Ansehen lechzen ließ! Aber auch die soziale Not hat noch viele Gesichter. Auch ihr müsste durch Initiativen im Geiste eines Vinzenz abgeholfen werden. Besonders in den Ländern Lateinamerikas, Asiens und Afrikas. Von der Solidarität mit den Verfolgten angefangen bis zur Abhilfe in Kriegsnot und der Bekämpfung der sowohl leiblich wie seelisch verstandenen Armut gibt es eine breite Palette der Modelle, die Vinzenz uns auch heute mit Gewinn anbieten kann. Sie müssten lediglich zeitgemäß angewendet werden.

Vor allem aber lehrt uns Vinzenz Depaul den uns leider ebenfalls abhanden gekommenen tiefen und leidenschaftlichen Glauben. Der Christ von heute scheint ein ausgeglühter Vulkan zu sein, der eher kühle intellektuelle Asche auswirft als heiße, mitreißende Glaubensglut. Die einseitige Rationalität des abendländischen Menschen hat ihn zu einem reinen Verstandeswesen gemacht, das sich fast schämt, dass es auch ein Herz hat. Selbst im christlichen Schrifttum ist es aus der Mode gekommen, ein eindeutiges Engagement spüren zu lassen. Frömmigkeit des Herzens ist out of date, kühl-rationale Kritik dagegen ist „in". Ja, man fürchtet sich nachgerade davor, einen tiefen, überzeugten und begeisterten Glauben auch nur zu haben, geschweige denn, ihn auch in der Öffentlichkeit tapfer zu bekennen. Denn es könnte sein, dass man dafür den Spott der sogenannten „öffentlichen Meinung", dieser unheiligen Inquisition der Gegenwart, herausfordern könnte.

Indes, nichts zeigt die überragende Persönlichkeit eines Menschen mehr als sein Mut, gegen den seichten Strom der Zeit zu schwimmen; Vinzenz ließ den Hohn höfischer Hohlköpfe gelassen über sich ergehen. Es ist nun einmal das Los des Christen, dass er nur so lange angehimmelt wird, solange er selbst in einem Andrang modischer Kritikasterei an dem Zeug seiner eigenen Kirche flickt. Sobald es aber offenbar wird, dass er überdies auch noch einen tiefen und treuen Glauben hat, wirkt er bereits entfremdend.

Von Lamennais wissen wir, dass er in der Öffentlichkeit nur so lange geschätzt war, solange er die Fehler der Kirche anprangerte. Sobald es aber offenkundig wurde, dass er dies letztlich nicht aus Zorn, sondern aus Liebe tat, um sie zu erneuern, hatten sich sowohl die Linken wie die Rechten von ihm distanziert. Er war für sie zu gläubig.

Was wir heute brauchen, sind indes „zu" gläubige Menschen. Sie allein werden die Kirche erneuern können. Wie Kardinal König sagt: „Die Krise der Religiosität lässt sich nicht beheben durch eine Umdeutung des Evangeliums, auch nicht durch bloß äußerliche Strukturänderungen oder Bildungsersatz. Die Heilung der religiösen Krise gelingt nur durch die Rückkehr zum lebendigen Glauben an Jesus Christus und seinen Geist [...] Nur wenn wir Christus in unserem Leben aufnehmen, kann er uns heilen."

Vinzenz' tiefe Ergriffenheit von Jesus, dieser persönliche, begeisterte Glaube und die aus diesem Glauben entsprungene Liebe, Demut und Bußfertigkeit waren es, die seine Größe begründeten.

Diese große Liebe, die alle Menschen als Kinder Gottes verstand und umfasste, gab ihm auch die Fähigkeit, zu einer über alle konfessionelle Grenzen und Hürden hinausgehenden Toleranz. Daher ist es ein Irrtum anzunehmen, ein tiefer und begeisterter Glaube könnte zur Quelle des Fanatismus werden. Gerade das Gegenteil ist wahr: Je glühender der Glaube, desto tiefer und umfassender die Liebe. Je umfassender aber die Liebe ist, desto weniger besteht die Gefahr, dass der gläubige Christ der Intoleranz und dem Fanatismus verfällt. So verwundert es nicht, dass Vinzenz Ökumene praktizierte in einer Zeit, deren Gesinnung nicht nach Toleranz stand, und Jahrhunderte bevor dieser Begriff im allgemeinen Bewusstsein überhaupt aufgetaucht ist.

Ich schließe dieses Buch mit jener leisen Wehmut, die man verspürt, wenn man auf der letzten Seite einer wunderschönen

Geschichte angelangt ist. Sie wird nur von der Freude überstrahlt, dass es sich nicht um ein Märchen, sondern um die Realität ureigenster christlicher Wirkkraft in einem Jahrhundert der Größe und des Elends handelt. Und von der christlichen Hoffnung, jenen Schweinehirt aus der Gascogne einst in der Schar der Seligen von Angesicht zu Angesicht kennenlernen zu dürfen.

Literatur

Abelly L.: La vie du Vénérable Serviteur de Dieu Vincent de Paul, 3 Bde., Paris 1891.

Auclair M.: Vinzenz von Paul, Genie der Nächstenliebe, Freiburg/Basel/Wien 1978.

Baschwitz K.: Hexen und Hexenprozesse, München 1966.

Calvet J.: Louise von Marillac, Luzern 1962.

Coste P.: Saint Vincent de Paul, Correspondence, Entretiens, Documents, Paris 1920–1924. (Dieses vielbändige Werk ist die größte Sammlung, die über Vinzenz existiert.)

Dauphin-Meunier A.: Kirche und Kapitalismus, Aschaffenburg 1958.

Erb A.: Vinzenz von Paul, in: Lebendige Kirche, Heft 28/1960.

Franzen A.: Kleine Kirchengeschichte, Freiburg/Breisgau 1965.

Friedenthal R.: Luther, sein Leben und seine Zeit, München 1967.

Guth P.: Mazarin. Frankreichs Aufstieg zur Weltmacht, München 1976.

Héritier J.: Katharina von Medici, Herrscherin ohne Thron, München 1977.

Hlawati F.: Die Barmherzigen Schwestern von Wien-Gumpendorf 1832–1932, Wien 1932.

Huch R.: Das Zeitalter der Glaubensspaltung, Münster/Hamburg 1964.

Jedin H.: Handbuch der Kirchengeschichte, 7 Bde., Freiburg/Basel/Wien 1965–1979.

Kühner H.: Vinzenz von Paul, Köln 1963.

Matt L. von, Cognet L.: Vinzenz von Paul, Wien 1959.

Monsieur Vincent: Visages de la Charité, Paris 1960.
O' Connell D. P.: Richelieu, Kardinal, Staatsmann, Revolutionär, München 1978.
Ranke L.: Die Päpste, Wien o. J.
Spiegl K.: Josefa Leopoldine Brandis, Gründerin der Barmherzigen Schwestern vom hlg. Vinzenz von Paul in Österreich, Linz 1948.
Treue W.: Kulturgeschichte des Alltags, Frankfurt/Main 1961.
Wehr G.: Thomas Münzer, Reinbek bei Hamburg 1972.
Ders. (Hrsg.): Thomas Münzer, Schriften und Briefe, Frankfurt/Main 1973.